言葉・動き・音楽による表現の実践的研究

——オルフと知的障害者（青年）の音楽活動の分析による——

下出　美智子　著

風　間　書　房

Practical Research of Expression by Words, Movement and Music

—Through Analyses of the Music Activity by Orff and Youths with Mental Retardation—

SHIMODE Michiko

KAZAMA SHOBO

は じ め に

　この書籍は，筆者が2011年に出版した『知的障害のある青年達の音楽行為——曲づくり・歌づくりの事例分析による——』[1]において扱い切れなかった題材を集め，その続編として書き進めたものである。

　本書では，資料として前書と同じ音楽の表現活動を扱っている事例もあるが，前書は音楽学の視点を重視し，本書は音楽教育学の立場から分析を行っている点で異なっている。

　筆者は、1993年から2001年まで，勤務していたある大学の附属養護学校高等部で，知的障害のある16歳から18歳までの青年達に，自分の自由な発想で表現できると思われる，筆者独自の「曲づくり」「歌づくり」「動きづくり」という作る活動を構想し，実践していた。

　作る活動を通して，青年達は外界（人や物や自然など）と関わって内界（感情，感覚，イメージ）を形成し，音声や動きや楽器を媒体として作品に形づくる過程で内面を育み，またそこで自分が何にどう感じたのかと自己認識を行い，内面を反映させた作品を生み出すことで自己実現の喜びを体験する。そのような行為を通して，青年達の音楽的・人間的成長が成し遂げられると考えたのである。

　筆者はこれらの授業の様子をすべて録画機器（8ミリビデオ）で記録し，その記録を筆録して，表現の発展過程，言葉と音楽との関わり，知的障害のある青年達の音楽行為の独自性，という視点から分析・考察し，上記に示した書籍にまとめた。

　その研究では，青年達は音を秩序づけていく音楽という芸術であっても，ためらいもなく言語や身体の動きを介在させて，言葉・動き・音楽の一体と

なった表現を生み出してくることや，彼らの内面で言葉（擬音語・擬態語やお話）と音楽が密接に繋がっていて，言葉を核として曲や歌を生み出してくることが明らかになった。

しかし，一方では身体の動きは音楽とどのように繋がっているのであろうか，言葉・動き・音楽が一体となった表現の姿は音楽的発達とどのような関わりがあるのだろうか，そして，青年達のこのような表現活動を成立させた要因として何が考えられるのであろうか，という疑問も湧いてきた。

そこで本書では，曲づくり・動きづくりの事例分析を通して，これらの諸問題の解決を目指すと共に，青年達の音楽行為にある発想や表現の生の姿を描き出したいと考えた。そのことは障害のある人達の音楽表現を知るに止まらず，人が音楽に関わっていくエレメンタール（根源的な）な意味を問うことに繋がると確信する。

本書は第Ⅰ部から第Ⅲ部までで構成される。

序章では，先ず研究対象となった知的障害のある青年とはどのような障害や特性を持つ人なのか，次に分析対象となった曲づくり，動きづくりとはどのような活動なのか，について概観する。

第Ⅰ部では第1，2，3章と，知的障害のある青年達の音楽表現を支えるカール・オルフ（Carl Orff）の音楽教育について理論と実践の両者から考察する。

第1章では，オルフ自身が制作した映像《Music for Children 子どものための音楽》を資料として，どのような活動が行われ，そこで子どもの音楽経験はいかに発展したのかについて，オルフ自身の解説（翻訳）を交えながら考察する。

第2章では，現在，ザルツブルク（Salzburg）にあるオルフ研究所（Orff Institut）で，「エレメンタールな音楽（elementare Musik）」というオルフの教育哲学がいかに解釈され，その概念を生かした実践がどのように行われてい

るのか，筆者が2007年にオルフ研究所に留学して受講・参観した体験と，研究所の教員に行ったインタビューを通して紹介する。

第3章では，オルフ研究所で行われた授業の中から，特に興味深く感じた「身体楽器アンサンブル」を取り上げて，そこで子どもの音楽経験がいかに発展し，認識がどう成立したのかについて考察する。

第Ⅱ部では，オルフの音楽教育を適用して筆者が構想した曲づくり・動きづくりの事例分析を通して，知的障害のある青年達の言葉・動き・音楽による表現の諸相を描き出す。具体的には次の3つの章から構成する。

第4章では，フォークダンス曲に動きを作る活動を資料として，青年達は身体の動きを通していかに曲を認識していくのか，或いは認識し得るのか，また，彼等は曲に合わせてどのような動きを作るのかについて検討する。

第5章では，青年達はいかに内面と表現の相互作用を行って作品を生み出すのか，つまり，「音楽を生成する」のかについて『雪渡り』の詩を題材とした曲づくりの分析を通して論じる。

第6章では，青年達の音楽行為の独自性としてあげられた，言葉・動き・音という表現媒体の結合と音楽的発達との間にはどのような関わりがあるのかについて，内面に起こるイメージに言及しながら曲づくりの分析を通して考察する。

第Ⅲ部では，青年達の表現活動を成立させる諸要因について，特に仲間との関わりに焦点をあて次の2つの章から検討する。

第7章では，他者との関わりは表現を生み出し発展させていく上で重要な意味を持つが，では，教師，及び友達間のコミュニケーションを成立させるための条件としてどのようなことが考えられるのかについて，曲に動きを作る活動を資料として考察する。

第8章では，友達と共に活動することによって得られる「楽しさ」について，それはどのように変化し深まっていくのか，絵本『おじさんのかさ』を題材とした曲づくりの分析を通して考察する。

　以上，本論文を作成するにあたって，障害のある人達の人権に対して次の点で配慮する。

①研究対象となった人達については，基本的には知的障害のある青年という言い方で表す。

②実践を行った学校名は明らかにしない。

③個人の名前はすべて仮名とする。

④個人のプロフィールはその人を理解する上で必要な範囲に止める。

⑤写真添付については個人が特定できないように配慮する。

　尚，本書は研究動機や言葉の定義等において，一部，前書と重なるところもあるが，内容の理解を深めるために必要であると考えたので加筆修正して掲載する。

注

(1) 拙著『知的障害のある青年達の音楽行為──曲づくり・歌づくりの事例分析による──』2011　風間書房

目　　次

序　　章

　研究対象となった知的障害のある青年とはどのような障害や特性を持つ人なのか，また，青年達が取り組んだ曲づくり・動きづくりとはどのような活動なのかを概観する。

第1節　知的障害の定義とその心理的特性

　我が国では知的障害について法令上の一般的な定義や，教育や福祉や医療の分野に共通した定義はない。知的障害についての内容や意味については，分野や組織や学会等によって理念的な背景が異なるため若干異なるが大きな違いはない。それはまた時代の要請に応え修正されていく。

　本論では障害児教育等を専門とする研究者の中野善達の見解と，文部科学省特別支援教育科が2002年（平成14年）に知的障害の概要として示した内容を紹介する。

　中野は次の3つの条件が揃っている場合を「知的障害」とする。「第1に知的機能が明らかに平均より低いこと，第2に適応行動に障害があること，第3にこれらが18歳までに現れることである。（略）知的に明らかに低いとは，個別知能検査で平均より2SD（Standard Deviation 標準偏差）以上低い，IQ で言えばおおよそ70以下を言う。（略）適応行動の障害とは（略），乳幼児期では感覚運動機能，意志の伝達能力，身辺処理能力，社会性等の発達，児童期・青年前期では学業に関する能力，金銭や時間感覚，自己統制力，社会的相互関係に関する能力の発達，成人期では（略）職業と社会的責任の遂行能力が評価の対象となる。知的障害は測定知能と適応行動の双方の障害が18歳以前に発現した場合をいうのであり，知的発達の遅れのみでは知的障害と

はいわない（略）。」[1]

　また，文部科学省特別支援教育課から平成14年6月に出された「就学指導の手引き」においては，

　知的障害とは「発達期に起こり，知的機能の発達に明らかな遅れがあり，適応行動の困難性を伴う状態」をいう。「発達期に起こり」とは，発達期（一般的には18歳以下）以降のけがや加齢による知的機能の低下による知的機能の障害とは区別されることを意味している。知的機能は認知や言語などにかかわる機能であり，「知的機能の発達に明らかな遅れがあり」とは，精神機能のうち，情緒面とは区別される知的面に同年齢の子どもの平均的水準より，明らかに遅れがあることを意味している。適応行動は，「他人との意志の交換」「日常生活や社会生活」「安全」「仕事」「余暇利用」等に関する機能として考えられ，「適応行動の困難性を伴う状態」とは，適応行動がその年齢で一般的に要求される状態までに至っておらず，全体的な発達の遅れとして現れていることを意味している[2]，と述べている。

　また，文部科学省から出された学習指導要領においては，知的障害とは一般に，同年齢の子供と比べて「認知や言語などにかかわる知的機能」が著しく劣り「他人との意思の交換，日常生活や社会生活，安全，仕事，余暇利用などについての適応能力」も不十分であるので，特別な支援や配慮が必要な状態とされている。また，その状態は，環境的・社会的条件で変わり得る可能性があるといわれている[3]，とする。

　この他に，世界の知的障害者の教育や福祉に大きな影響力を持つものとして，アメリカ精神遅滞学会（American Association on Mental Retardation: AAMR）やWHOの定義がある[4]。

　教育的観点から見た場合，筆者が分析対象とした軽度・中度に分類される青年達は，抽象的・総括的に物事を理解することは難しかったが，具体的な事柄であれば筋を追った理解が可能であった。

　例えば，社会生活年齢が8歳から12歳程度の青年達に，「ころがるボールになって動いてみよう」という活動を行った時のことであるが，彼等は実際のボールを操作すると，その動きを模倣して走ったり跳んだりすることができたが，具体的な操作がない場合は戸惑うばかりであった。

　また，調理実習を行った時のことであるが，社会生活年齢が10歳程度の安男（仮名）は，ビニール袋に入った「もやし」を袋ごと水につけて洗っていた。包丁を使う場面では刃先を上に向けて切ろうとしていた。しかし，教師が見本を見せると，もやしを水で洗い包丁を正しく使用することができた。つまり，目に見える形での具体的な指導が必要になると言うことである。

第2節　曲づくり・動きづくり

　障害のある青年達に筆者独自の曲づくり・動きづくりの活動を構想し実践した。曲づくりとは，楽器音を中心としてその使い方や組織の仕方を試行錯誤しながら，即興で自分なりの発想を生かしたまとまりのある音楽作品に作り上げていく活動である。動きづくりとは，既成の曲を聴いてその特徴や気分を感じ取り，身体を媒体として即興でまとまりのある動きの作品に作り上げていく活動である。どちらも自らの表現欲求を掘り起こし現実化し発展させていく取り組みであると言える。

　実際の活動は青年達の実態を考えて以下のように計画した。

　曲づくりは音を鳴らすことを中心とするが，言葉や身体の動きと結び付けて展開できるようにした。曲づくりの材料は五感を通して対象が知覚できる絵本や日常慣れ親しんでいる言語（人の名前，擬音語・擬態語，日常の話し言葉）や，情景がイメージし易い童話の中の詩に求めた。楽器は扱いが容易で，しかも，青年達の欲求を満たすと考えられる打楽器（簡易打楽器やドラム類）を中心に準備し，自由に使えるように手の届く場所に置いた。

　動きづくりでは，曲の把握が容易（曲構成が単純）な曲，リズミカルで身

体活動を誘発し易い曲，歌詞がある場合は言葉からイメージを膨らませることが容易な曲を選択した。

　活動場所は音楽室（兼サロン）を使用した。身体活動を伴う場合は体育館も利用した。

　指導は，個としての自発的な表現を引き出すために，学校という意図的に仕組まれた教育の場ではあるが，許容的，且つ，受容的に行った。特に，青年達の表現がどんなに素朴で断片的なものであっても，また，音楽としては意外に感じる表現であっても，すべて肯定的に受け入れることにした。

　活動の詳細は次の通りある。

　1つの活動は4回から8回程度まで行った。1回の活動時間は題材によって異なるが，大体60分程度である。授業は筆者が中心になって行い，他に養護学校の音楽科教員が1名ないし2名付いた。

　活動は気の合う仲間によるグループ活動とした。仲間同士で支え合ったり，コミュニケーションを成立させたりすることで，活動が楽しく活発になると考えたからである。そして，グループで1つ作品を作ることにした。

　筆者（教師）は授業の進行役に徹した。そこで「○○をしましょう」「こんな風に鳴らして下さい」「○○のように動いて下さい」「○○をしてはいけません」等という表現に関する指示は一切行わなかった。但し，活動が停滞している場合に限って行動を引き出すために，「何を表したいの？」「どんな音を鳴らしたいの？」等と声を掛けた。

　動きづくりに関しては，自発的な身体の表現を引き出すことが難しいと思われたので，最初は筆者（教師）がリードし，教師や仲間の動きの模倣から出発した。要領が分かってくると，表現に関する指示は一切行わず青年達のしたいようにさせた。

　毎回の演奏開始時や演奏終了時には，「どんな風に音を鳴らしたの？」「身体で何を表したの？」「どんなことに気を付けたの？」と質問して，自分が音や身体の動きで行っている行為を意識化させた。

　また，「楽器でどんなことができるのか」「私の体でどんなことができるのか」と，音を自由に鳴らしたり曲に合わせて自由に体を動かしたりして，音や身体の動きの探求を行う時間を設けた。更に，友達の感想を聞く時間も設けた。

　このような曲づくり・動きづくりの活動を構想するにあたって，20世紀を代表するドイツの作曲家で音楽教育家でもあるカール・オルフ（Carl Orff 1895-1982）の音楽教育のアプローチを参考にした。

　オルフは，「エレメンタールな音楽（elementare Musik）」という，独自の概念に基づいた音楽教育を提唱している。そして，「エレメンタールな音楽は音楽のみではなく，動き，ダンス，言葉と結び付いていて，人を聴き手としてではなく，共演者として包含する音楽である。それは精神以前のもので，大きな形式や構成を持たず，小さな並列形式，オスティナート，小さなロンド形式をもたらす。エレメンタールな音楽は，あくまでも大地に根ざした，自然で身体的で誰にでも習得，体験可能な，子供にふさわしい音楽である」と述べている[5]。

　　　Was ist weiterhin elementare Musik? Elementare Musik ist nie Musik allein, sie ist mit Bewegung, Tanz und Sprache verbunden, sie ist eine Musik, die man selbst tun muss, in die man nicht als Hörer, sondern als Mitspieler einbezogen ist. Sie ist vorgeistig, kennt keine grosse Form, keine Architektonik, sie bringt kleine Reihenformen, Ostinati und kleine Rondoformen. Elementare Musik ist erdnah, naturhaft, körperlich, für jeden erlern- und erlebbar, dem Kinde gemäss.

　それは子どもが育まれた自然や風土や言語や生活等，子どもの魂の深淵から音楽を引き出そうとする教育である。ここでは音楽行動の本来的性質に依拠した活動，つまり，音のみを使うのではなく，言葉や身体の動きが本有的に結び付いている音楽を素材として即興を行い，そこで創造性を培うことをねらいとする。また，子どもの普段の遊びから活動を出発させ，それを音楽

的なものへと系統的に発展させていく方法がとられる。

　筆者はオルフの音楽教育の理念というより，音楽へのアプローチの仕方を適用して曲づくり・動きづくりの構想を練った。具体的には，曲づくりと言っても表現手段を音に限定せず言葉と動きと音を一体として扱う，即興表現を重視する，遊び（絵本や詩で遊ぶ。演ずる等）から活動を出発させる，等の方法を用いたのである。

注

(1) 中野善達・守屋國光『老人・障害者の心理改訂版』2006　福村出版　p.103
(2) 日本支援教育実践学会監修「知的障害」『特別支援教育用語集』を参考にした。
　　<http://www.nise.go.jp/portal/elearn/chiteki.html>
(3) 文部科学省から出された学習指導要領を参考にしている。
　　<www.mext.go.jp/component/a.../06/.../1340247_08.pdf>
(4) アメリカ精神遅滞学会や WHO の定義については，拙著『知的障害のある青年達の音楽行為——曲づくり・歌づくりの事例分析による——』2011　風間書房，に詳しく記載している。
(5) Carl Orff 1964（*Das Schulwerk-Rueckblick und Ausblick*）Orff- Institut 1963 Jahrbuch. B. Schott's Söhne-Mainz S.16

第I部　知的障害のある青年達の音楽表現を支える
カール・オルフ（Carl Orff）の音楽教育

　知的障害のある青年達の内にある表現を引き出すために，カール・オルフ（Carl Orff）の音楽教育のアプローチを参考にした。では，オルフの教育，及び教育理念とはどのようなものなのであろうか。ここでは，１．オルフ自身が制作に関わったとされる映像《Music for Children 子どものための音楽》の分析，２．現在のオルフ研究所（Orff Institut）で実践されている「エレメンタールな音楽（elementare Musik)」の紹介，３．研究所教員の誉田真理氏による実践「身体楽器アンサンブル」の分析，という３点から検討する。

　オルフの理論と実践から導き出される研究は，障害のある子の音楽教育の方法やカリキュラムや教材開発に生き，感性や感情の育成を目指す音楽授業を創造する上で示唆を与えてくれると考える。

第1章　映像《Music for Children 子どもの ための音楽》の分析
——音楽経験の発展性——

はじめに

　我が国の音楽教育においては，これまでの技能や知識を中心とする教育に反省がなされ，音楽を自然や人間との関わりにおいて捉えることの重要性が言われている。そこでは，子どもは自分を取り巻く自然や人や物に働きかけ，その過程で形成されるイメージや感覚や思考という内面を，音による表現媒体を扱って作品に形づくることが求められる。つまり，教えられたことや楽譜に書かれた記号の通りに演奏する教育から，自分の感性や思考という内面を通して音の世界を創造する教育への転換が求められている。

　筆者は我が国のこのような音楽教育のあり方を考えるとき，オルフのアプローチが参考になると考えている。それは，オルフは音楽を人間との関わりにおいて捉えようとしていたからである。そのことについてオルフと共に教育の仕事を長年行ってきた，元オルフ研究所教授のヘルマン・レグナー（Hermann Regner）は，「オルフにとって作曲や演奏においてテクニックが一番大事なのではなく…（略）…オルフは人間そのものを中心に据えている。彼の目的としたことは（音を媒体として）人に何かを伝えることである」[1]と述べている。

　また，筆者は自発的に自分を出すことの難しい障害のある青年を対象に，言葉と動きと音楽の一体化というオルフの基本概念を生かした授業を構想し実践しているが，その活動では言葉や身体の動きや楽器の中から得意な媒体

を軸にして，他の媒体と融合させながら自分の感情やイメージを自然な姿で出してきている青年達の姿を目にしている。例えば，「きつね　こんこん　きつねのこ」という詩から受けるイメージを，裕太は首にモンキータンブリン掛けて「こんこん」と鳴きながら跳びはねる形で表現している。その様子を見ていると，人間が表現することの意味をオルフの音楽教育に見い出す思いがするのである。

　更に，筆者はオルフの教育は系統的に活動を発展させていく点で特徴があると考えている。以前，オルフ研究所のセミナーに参加したとき，手遊びやボール遊びを行っているうちに，遊びと思っていたものがいつの間にか身体楽器によるアンサンブルに発展していたので驚いたという体験をしているからである。

　このような特徴を持つオルフの音楽教育は，健常と言われる子どもだけではなく，障害のある子の音楽授業を構想していく上でも大いに参考になる。

　そこで，本論ではオルフの教育を知る上で貴重な資料である《Music for Children 子どものための音楽》の映像に注目し，1．子どもの音楽経験はいかに発展したのか，2．そこで子どもの内面はどう育まれたのか，という2点から明らかにしていくことにした。1は子どもの音楽的発達に即した教材開発や授業を構想する上で示唆を得ることができるし，2は現代の音楽教育においては，子どもの内面の変化（思考やイメージの変容）に注目することが求められている，と考えるからである。

第1節　映像《Music for Children 子どものための音楽》

　オルフは「エレメンタールな音楽（elementare Musik）」という，独自の概念に基づいた音楽教育を提唱し次のように言う。

　「（それは）あらゆる人種，国籍の人々の内にある無意識のもの，精神的に覆い隠されたものの中に存在する」[2]と。そして，「エレメンタールな音楽，

言葉と動きと遊びは精神の力を覚醒し，陶冶するものはすべて，精神の腐植土となる。腐植土がなければわれわれは精神の荒廃へと向かうであろう。この荒廃は自然界ではどのようなときに現れるのか。（それは）景観が奪い去られるとき，役に立つという理由から森や生け垣が計画の犠牲になるとき，要するに，自然界のバランスが一方的な攻撃によって失われるときである。同様に，人間もエレメンタールなものから遠ざけられて，このようなバランスが失われるとき，精神の荒廃が起こる。エレメンタールな音楽は，他の方法であれば決して発達させることのできなかった力を発揮して，子どもを成長させるのである。」[3]と述べている。

　では，エレメンタールな音楽として実際にはどのような活動が行われるのであろうか。そのことを知るために，オルフが来日した時に持参したとされる《Music for Children》の映像[4]を見てみる。

　その映像はオルフ自身が台本（script）を作成し，オルフ教育の生涯の協力者であったグニルド・ケートマン（Gunild Keetman）が音楽プロデューサーを務めている。音楽活動はオーストリアのザルツブルクにあるモーツァルテウム音楽学校（Mozarteum School of Music〔Salzburg, Austria〕）の生徒達が行っている。モーツァルテウム音楽学校とは，後に同所にオルフ研究所（Orff-In-stitut）が設立され，オルフ教育の中心になったところである[5]。

　映像では，子ども達がオルフの音楽教育を典型的に表す活動に取り組んでいる。その活動は，縄跳びやボール投げ等の子どもの日常的な遊びから始まって，わらべうたへ，更に打楽器アンサンブルや音楽と踊りが一体となった表現へと発展していく。どの活動を見ても子ども達は本来の生命を得たかのように，楽しそうに歌ったり踊ったりしている。

　この映像はオルフの教育哲学が具体的・直接的に目に見える形で現れているところに資料としての価値がある。また，オルフの残した文献が少ないことを考えると尚更，貴重な資料である。これらのことに加えて，筆者はオルフの教育を知る上で放送や映像は重要な意味を持つと考えている。何故な

ら，オルフの教育哲学を集約した《ORFF-SCHULWERK オルフ・シュール
ヴェルク》という5巻からなる教育用作品は，子どもを対象として5年間に
わたり学校放送を行った集大成として生まれてきたものだからである。

　オルフの放送・映像を扱った先行研究として，宮崎幸次が1948年からババ
リア（Bavaria）放送局でラジオ放送された「オルフ・シュールヴェルク学校
放送」を紹介したものがある。しかし，学校放送であるため身体の動きにつ
いては殆ど触れられていない。また，47回あるうちの第14回（ORFF-SCHUL-
WERK 第1巻）までの紹介に止まり[6]，その後の発展を知ることはできな
い。一方，藤井康之は筆者が扱う映像《Music for Children》と同様のもの
を使って，「オルフの音楽教育観と Elementare Musik—文献と映像を手が
かりに—」という視点から分析・考察を行っている[7]が，筆者とは分析視点
が異なる。

第2節　映像《Music for Children 子どものための音楽》の分析

　ここでは映像《Music for Childrenn》の視聴を通して，子どもの音楽経
験の発展性と，そこにある子どもの内面の成長という視点から分析する。
　研究方法は次の通りである。
　子どもが歌ううたや発する言葉，遊びや踊り，楽器演奏を視聴して楽譜と
して表す。同時に，子どもの活動する様子やそこで現れてくる表情を記録す
る。その記録を音楽経験の発展性の視点から分析する。先ずは，音楽の構成
要素の側面（速度，リズム，音色，旋律，テクスチュア，ダイナミックス，形式）
に焦点をあてて見ていく。その場合，テクスチュアについて本来は音の重な
りをさすが，本論では広義に捉えて，オルフ教育の特徴である言葉と動きと
音楽という3者の媒体の重なりについても見ていく。同様に，ダイナミック
スについては音量の大小や強弱に加え，演奏形態や表現形態の大小について
も見ていく。次に，その活動において子どもの内面がいかに育くまれたのか

について推察する。

　これらの分析に際しては映像に出てくる活動の解説を参考にする。

　子どもの音楽活動を時間的経過に即して記すと次のようになる。

　子どもは，ア）縄跳び，スケート，ボール投げ，イ）輪舞，ウ）お手合わせ，エ）となえうた，オ）打楽器を鳴らして輪舞，カ）打楽器を中心としたアンサンブル，キ）打楽器を鳴らして踊る，ク）自然の中で音楽遊び，ケ）踊りながら指揮，という 9 つの活動に取り組んでいる。これらの活動を大きく捉えると，（1）日常の遊び（ア），（2）わらべうた（イ．ウ．エ），（3）打楽器を中心としたアンサンブル（オ．カ），（4）打楽器を鳴らして踊る（キ），（5）自然の中で音楽遊び（ク），（6）踊りながら指揮（ケ），という活動に分類できる。

　先ず，（1）から（6）までの各段階ごとに活動の実際を述べ，次に，その記録を基に分析する。

（1）日常の遊び

　最初の活動である日常の遊びについて説明する。この場面では次の映像が流れる。

［映像］

　最初に子どもが生活している街の様子が写し出され解説が入る。

　　Philosophers can be irritated by children, but children don't pay much attention to philosophers anyway, so their words were lost on the wind and carried the disturbing noises into the study. Since the beginning of time, children have not liked to study, they'd much rather play, and if you have their interests at heart, you'll let them learn while they play, and then eventually they'll find that what they've mastered is child's play. This is true of any art of skill, particularly it is true of music.

「哲学者は子どもにいらいらする。子どもはどうしても哲学者に興味を抱かないので哲学者の言葉は風にかき消され，騒音となって勉強に持ち込まれたからだ。昔から子どもが勉強好きだったためしはない。それより遊びの方がずっと好きだ。もし，本当に子どもに興味を持っているなら，遊びながら学ばせるであろう。それから結局，子どもは自分がマスターしたものが簡単であることに気付くであろう。こういうことはいかなる芸術，特に音楽にもよくあてはまることである。」

ア）縄跳び，スケート，ボール投げ

　子どもが戸外で縄跳びや輪舞で遊ぶ様子が写し出され解説が流れる。

Playing is movement, natural movement, rhythm, play is as rhythmic as the flight of birds or the circling of the stars. Everything is done in time whether it is throwing a ball or skipping or jumping or singing.

「遊びは動き，自然な動き，リズム，遊びは鳥が空を飛ぶように，あるいは星が回るようにリズミカル（律動的）である。ボール投げであろうと，スキップであろうと，跳躍であろうと，歌を歌うことであろうと，それはすべてリズミカルに行われる。」

　更に，子どもが戸外で，1人で縄跳びやスケート，2人でボール投げ，4人で輪舞を行い，遊びに興じている映像が流れる。

［分析］

　上記の活動において子どもはいかに音楽経験を行ったのであろうか。

　この段階では，子どもの運動的感性に基づいた日常の遊びが扱われている。そこで子どもは遊びと連動した音楽的諸要素の経験を行ったと考えられる。

　具体的には，縄を跳んだりキャッチボールができる《速度》，遊びの中にある《リズム》，縄が風を切る音や縄を跳ぶ足音等，玩具や身体から発する《音色》，縄を跳ぶ身体の動きと足音等の身体から出る音色の重なり《テクスチュア》，遊びに存在する強弱の対比《ダイナミックス》，縄跳びにある繰り返し（反復）や，遊びの始まりと終止《形式》，等の音楽経験を行ったと言

える。《旋律》に関して特に取り上げる経験は見あたらなかった。

　また，子どもが運動的遊びに興じる様子を見る限りにおいて，彼等は身体を動かす喜びや遊びに存在する躍動感等を感じ取っていたと推察される。

（2）わらべうた

［映像］

　この場面では子どもは，イ）輪舞，ウ）お手合わせ，エ）となえうた等のわらべうたで遊ぶことに興じている。そこで次の解説が流れる。

> Even counting rhythms takes on a meaning of their own. A profound meaning, that grown-ups forgot how to step a long time ago, can no longer grasp.
>
> 「リズムを数えることにすら独自の意味がある。大人はステップの踏み方を遠い昔に忘れてしまってもはや理解できないが，そこには深い意味がある。」

イ）輪舞

　この場面では，子ども4人が手をつなぎ《Ringel, Ringel Reiha 輪になって》という，古くから歌い継がれてきた遊戯歌の一番を繰り返し歌いながら，輪舞に興じている様子が写し出される。

Ringel, Ringel Reiha

　楽譜1

> 歌詞の訳
> 「輪になって，輪になって遊ぼう。子どもが3人にわとこの木の下に座って，それ，それ，それと叫んでいる。7人の子ども達の輪の中に1人の女の人が座っている。好きな食べものは何？　小さなお魚。好きな飲み物は何？　赤い葡萄酒」

ウ）お手合わせ

　この場面では，女の子が4人で以下に記す言葉を唱えながらお手合わせを行っている。昔から伝わる遊びで唱えている言葉に意味はない。しかし韻を踏んでいて響きが面白い。リーダーが擬音語等の調子の良い言葉を唱えながら，円形状に並ぶ友達1人ひとりと，ポンポンポンと1拍ずつお手合わせをして歩いている。そこに等拍の流れや，話し言葉の抑揚やリズムを生かした，言葉と手拍子と身体の動きによる小さな音楽が生まれている。楽しそうに遊ぶ子どもの身体からは，活気に満ちたエネルギーが放出されているように見受けられる。

　お手合わせ

“Eene Beene Suppra Heene ／ Diefe Dafe Domine・／
　手　　　手　　　手　　　手　　　　手　　　手　　　手

Ecker Brosse Kaiser Noke ／ Zinke Zanke 　Draus・”
　手　　　手　　　手　　　手　　　　手　　　手　　　手

エ）となえうた

　この場面では子ども達が座って野菜や花の名前を唱えている。そこで解説が流れる。

Why should children play only with dolls and toys? Why not cultivate their primitive instinct for rhythm? Why shouldn't they play with words and sounds?

「なぜ子どもは人形やおもちゃとだけで遊ぶのか？　なぜ子どもはリズムの原初的な才能を培わないのか？　なぜ子どもは言葉や音で遊ばないのか？」

　ここでは男の子と女の子が一列に並んで，手拍子をしながら野菜の名前や花の名前を全員で唱えたり，1人ずつ唱えたりしている。また，男の子と女の子に分かれて手拍子，膝打ち，指鳴らしをしながら唱えている。そのことによって言葉のリズムや抑揚を生かした，言葉と身体楽器による小さな音楽が生まれている。子ども達は拍の流れに乗って連続して最後まで唱え終える

と，嬉しそうな笑顔を見せている。

となえうた

（順番に）Quendel Lavendel Melisse Narcisse ／ Thymian Thymian トライア
ングル（♩）Akelei.

（男子全員）Minze Steinbrech Salbei Ta Ta. ／（女子全員）Anemone

　　　　　　膝，指　　膝，指　　膝，指 手，手

Tausend Lowenzahn Frauenschuh Turkenbund ／ Mohn.

[分析]

　この段階では，子どもの言語的感性に基づいたわらべうたが扱われた。そ
こで子どもは，拍の流れに乗って輪舞やとなえうたを歌い，遊びと連動した
音楽的諸要素の経験を行ったと考えられる。

　規則性のある《速度》，拍節的なリズムや言葉の《リズム》，歌声や身体
（手拍子，膝打ち，指鳴らし）から発せられる《音色》，ソラミという3音で構
成される輪舞の旋律や，となえうたにある言葉の抑揚《旋律》，歌声の重な
り，身体から発せられる音色の重なり，歌声と動き（輪舞）の重なり，身体
から発せられる音色と動きと歌声の重なり《テクスチュア》，言葉のアクセ
ントにある強弱の対比，身体の鳴らす部位によって異なる強弱の対比，独唱
や斉唱という演奏形態によって異なる強弱の対比《ダイナミックス》，短い
旋律の反復や同じ動きの反復（オスティナート），始まりと終止，問答（問「好
きな食べものなーに」，答「さかな」等）《形式》，という音楽の諸要素の経験を
行ったと考えられる。

　また，子どもがわらべうたで遊ぶ様子を見る限りにおいて，身体を動かす
楽しさや，同じ表現を繰り返す面白さや，身体楽器で支えながら拍の流れに
乗って唱える心地良さ等を感じ取っていたと推察される。つまり，音楽を構
成する諸要素の組み合わせによって生まれる，音楽的感情や感覚を感受する
能力が育まれたと言える。同時に，仲間との遊びを通してコミュニケーショ
ン能力も培われたと考えられる。

（3）打楽器を中心としたアンサンブル

　この段階では初めての楽器として打楽器が導入された。子どもは，オ）打楽器を鳴らして輪舞を行ったり，カ）打楽器を中心としたアンサンブルを行ったりしている。

［映像］

　先ず解説が流れる。

> You don't need any complicated instruments. Whichever distant ancestor was first inspired to make music, had perhaps had nothing more than a hollow piece of wood, the first percussion instrument. And his youngest descendants follow his example. They too feel an irresistible urge to bang on something, anything, it doesn't have to be a drum.

> 「複雑な楽器などいらない。初めて音楽を奏でようと思いたったどの遠い先祖も，多分，中空の木片より他に何も持っていなかったであろう。それが最初の打楽器だった。最も若い子孫は先祖にならう。彼らもまた何んでもよいが，何かをばーんと鳴らそうとする押さえ切れない衝動を感じるが，それがドラムになる必要はない。」

オ）打楽器を鳴らして輪舞

　この場面では輪舞を行う様子が写し出される。使っている楽器はオルフ楽器（木琴，鉄琴，ウッドブロック，トライアングル，コップ等）である。1回目は1番を歌いながら全員で楽器を鳴らしている。2回目は2番を歌っている。最初は斉唱で，後の問答の部分は「（問）好きな食べものは？」「（答）小さなお魚」，「（問）好きな飲み物は？」「（答）赤い葡萄酒」，と問いと答えに分かれて歌っている。3回目は1回目と同じ活動である。4回目は歌（1番）と打楽器と輪舞を重ねて行っている。

　ここでは新たに打楽器のリズム奏が加わったことで，歌も輪舞もリズミカルに揃うようになってきたように感じられる。また，問答では互いに顔を見合わせて嬉しそうにやり取りをしている。

［分析］

　この段階では子どもは，歌い鳴らして輪舞ができる中ぐらいの《速度》，(Ringel, Ringel Reiha) の4拍子の《リズム》, 打楽器の音色や歌声の《音色》, ソラミという3音の《旋律》, 歌声の重なり, わらべうたと打楽器 (リズム) の重なり, わらべうたと打楽器と輪舞の重なり, 打楽器のリズム・アンサンブル《テクスチュア》, 歌と打楽器, 或いは歌と打楽器と輪舞という表現形態によって異なる大小の対比《ダイナミックス》, わらべうたの繰り返しや問答の《形式》, という諸要素の経験を行ったと言える。

　また, 子どもは打楽器に支えられて歌い輪舞を行うことで, 音楽的な安定感を感じ取ったと考えられる。

カ) 打楽器を中心としたアンサンブル

　この場面では次の映像が流れる。

［映像］

　子どもが木琴のファ (F) とシ (B) の音板を抜き出している映像が流れ, 解説が入る。

> With these little wooden sticks, Christine is playing the xylophone. You can make all sorts of enchanting tunes, if you know how of course, if you don't, well, just beat out the semi-tones and there isn't so much to go wrong. If everybody in the group could just go ahead and play as they'd like, that would be wonderful. But first of all you need to find some sort of pattern underneath, that goes on and on. It's called on ostinato then you can make up a tune to go with it. And now they have gone along way beyond the simple round dance.
>
> 「これらの小さな木の棒でクリスティーンは木琴を演奏している。もちろん演奏の仕方を知っていれば, 上手に半音を打たないようにだけして, それほど間違わなければ, あらゆる魅惑的な調べを奏でることができる。もし, グループ内のすべての子どもが, 進んで好きなように演奏することができるならば, それはすばらしいことであろう。しかし, 先ず最初に根底に流れ続けているある種のパターンを見つける必要がある。それはオスティナートと呼ばれ, それからその手法を伴った調べを作りあげることができる。今では簡単な輪舞以上のものに進んでいる。」

　子どもは新たに低音弦楽器のチェロを加えて，木琴，鉄琴，鈴，シンバル等の打楽器の演奏を行っている。ここでは半音を含まないド（C）レ（D）ミ（E）ソ（G）ラ（A）の５音を使い，根底に流れるパターンを把握して，それはオスティナートと呼ばれる一定の音型を繰り返す手法であるが，即興の調べを作りあげていく。そこに中ぐらいの速度による，４拍子の，序（イントロダクション）・中間部・終結部（コーダ）という形式を持つ曲が生まれている。序の部分はチェロで，中間部は多様な打楽器（最初は木琴類，次は鉄琴類，更に鈴等の無音程小打楽器類，更に木琴類で）で，終結部は木琴を中心に鳴らしている。

　演奏者は互いに顔を見合わせ，真剣な面持ちでアンサンブルを行っている。その演奏を聴いて，筆者は最初に鳴る木琴群は柔らかく乾いた感じ，次のフレーズで聞こえてくる鉄琴類はきらきら澄んだ雰囲気，続く様々な音色が混じり合う小打楽器群の演奏はにぎやかな感じ，という印象を受けた。

［分析］

　この段階では，子どもは中ぐらいの《速度》，４拍子の《リズム》，新たに弦楽器の《音色》，半音を含まない５音の《旋律》，打楽器と弦楽器のアンサンブル《テクスチュア》，独奏やアンサンブルという演奏形態によって異なる大小の対比《ダイナミックス》や，序の部分は弦楽器の独奏で音量は弱く，中間部は木琴や鈴やシンバルを一斉に鳴らして音量が上がるという《ダイナミックス》，序・中間部・終結部の《形式》，という音楽の諸要素の経験を行ったと言える。

　そこで子どもは，半音を含まない５音によるアンサンブルの調和の取れた響きや，木製楽器や金属製楽器や弦楽器（素材が異なる楽器）の音色が持つ質的な感覚を感じ取ったと推察できる。具体的には，木琴群は優しく乾いた感じ，鉄琴群は澄んできらきら輝く感じ，鈴やシンバルの音色が重なると賑やかな感じ，等という感覚を働かせたと考えられるのである。

（4）打楽器を鳴らして踊る

　この場面では子どもは打楽器を鳴らして踊っている。そこで次の映像が流れる。

キ）打楽器を鳴らして踊る

［映像］

　最初は女の子が1人で頭上やお腹の前でクラベスを鳴らし，円を描くように歩いたり，左右にスキップしたりしている。次の場面では3人で踊っている。1人がティンパニを鳴らし，あとの2人がクラベスやばちを打ち，左右に揺れたり円を描いたりしてステップを踏んでいる。足には鈴を付けている。踊り手達は真剣な眼差しで明瞭なリズムを刻み軽快に踊っている。足に付けた鈴がしゃんしゃんと賑やかに鳴っている。この踊りで用いられる2つの小曲は，どちらもド（C）レ（D）ミ（E）ファ（F）ソ（G）ラ（A）という6音で構成された，4拍子のやや速い速度の曲である。旋律はリコーダーで奏でられる。そこにチェロと木琴等の伴奏が加わる。旋律奏者は踊りを助長するように，特に付点のリズムを軽やかに奏でている。楽器奏者と踊り手が相互に刺激し合うことで，リタルダンド（rit. 次第に遅く）等の微妙な曲表情が生まれてきたり，踊り手の動きがリズミカルになってきたりしている。そこに音楽と踊りを素材とした表現の質的空間が生み出されている。

［分析］

　この段階では，やや速い（allegretto）《速度》や，曲表情と関わって生じてくる次第に遅く（rit.）等の《速度の変化》，2拍子系（2拍子または4拍子）の《リズム》，旋律を奏でる管楽器のリコーダーや，伴奏楽器としての弦楽器のチェロや，打楽器のティンパニの《音色》，新たにファ（F）を加えたド（C）レ（D）ミ（E）ファ（F）ソ（G）ラ（A）という6音の《旋律》，打楽器・弦楽器・旋律楽器によるアンサンブルや，身体の動きのアンサンブルや，楽器群と動きのアンサンブルという重なり《テクスチュア》，ソロの踊りや3人の踊り等，表現形態によって異なる大小の対比《ダイナミックス》，2つ

の部分や小曲をつないだ AB《形式》，という音楽経験を行ったと言える。

　また，子どもは楽器演奏だけでは感じ取ることができない，総合的な表現の持つ面白さや，リズミカル等という表現の持つ質的な感情内容を経験したと考えられる。

（5）自然の中で音楽遊び

［映像］

　　子ども達が森林で楽器を鳴らして歌い遊んでいる場面が写し出され，解説が流れる。

> Of course children play with sounds out of doors, too, especially in the first warm days of spring, when it's time to get rid of old man winter.
>
> 「もちろん子どもは戸外でも，特に冬将軍が去った春の最初の暖かい時期には音楽で遊ぶ。」

ク）自然の中で音楽遊び

　大木が生い茂る自然の大地で子ども達が楽しそうに遊んでいる。澄んだ声で歌い楽器を鳴らしている。大きなわら人形を持ってぐるぐる回りながらスキップしている子，木の枝を持って風を切って走っている子，土手に座って手拍子をしている子もいる。本来の自分のあるべき姿に巡り合ったかのように解き放たれ，歓声をあげている子ども達の姿からは，生命の喜びを音楽や身体の動きに託しているように思われる。ここでは《Winteraustreiben und Sommergewinn 冬を追い出し夏を歓迎する》[8]という曲が流れている。この曲は3つの小曲で構成され，1曲目は活発な（Lebhaft）2拍子系（6拍子），2曲目はゆるやかな（etwas langsamer）2拍子，そして3曲目は速い（Dreher）3拍子で作られている。ここでは新たにシ（B）の音が導入されてド（C）レ（D）ミ（E）ファ（F）ソ（G）ラ（A）シ（B）という7音が用いられ，7音音階や教会旋法（ドリア旋法）や小さな長音階（ミクソリディア旋法が基礎

となっている）へと発展していく。旋律は鉄琴やリコーダーで奏でられる。

> 歌詞の訳
> 「冬を追い出そう。老いた冷たいおじいさん。老いた冷たいおじいさん。野原に冬を追い出そう。厳しい熊のように。夏を呼ぼう。夏が花と太陽を招く。」

[分析]

　この段階では，「冬を追い出し夏を歓迎する」という曲に存在する生き生きした（Lebhaft）《速度》や少しゆるやか（etwas langsamer）な《速度》，2拍子系（6拍子や2拍子）や3拍子の《リズム》，歌声や楽器（リコーダー，打楽器）や身体から発せられる《音色》，シ（B）の音を導入したド（C）レ（D）ミ（E）ファ（F）ソ（G）ラ（A）シ（B）の7音で構成された教会旋法と小さな長音階，歌と打楽器とダイナミックな動きの重なり《テクスチュア》，自然の中での音楽遊びに存在する《ダイナミックス》，異なる3つの小曲を繋いだABC《形式》，という音楽経験を行ったと考えられる。

　また，自然の中で仲間と，何世紀も前から人々に歌い継がれてきた歌を歌い，自然の材料を使って作られた玩具を手に持って，歓声をあげ走っている子どもの姿からは，本来の自分に戻って，今，生きているという生の喜びを謳歌している様子が窺える。

（6）踊りながら指揮

[映像]

　この場面では，女の子が踊りながら指揮をしている映像が写し出され，解説が流れる。

> Sooner or later people who make music just can't resist trying their hand at conducting drifts imperceptibly into dancing, so elusive is the difference between music and movement, between sound and rhythm, between work and play.
>
> 「遅かれ早かれ音楽を奏でる人々は，指揮に合わせて音楽の流れをいつの間にか

ダンスへ導こうとすることに全く抵抗できないので，音楽と動き，音とリズム，仕事と遊びの間の差異はあいまいである。」

ケ）踊りながら指揮

　ここでは女の子が踊りながら指揮をしている。全身で音楽を感受し，演奏者の周りを優雅に滑ったり軽やかに跳んだりして指揮をしている。しなやかな動きが印象的である。鉄琴類とギターがニ調短音階，2拍子系（6拍子），序・中間部・終結部で構成された曲を奏でている。鉄琴奏者が深くもの悲しい音色で旋律を奏でると，指揮者は物思いに耽ったような表情を湛えながら，優雅に踊り指揮を行っている。踊り手である指揮者と演奏者が意識を集中させて相互に情緒的な表現を引き出し合っている。そのことによって，曲に盛り上がりや衰退，もの悲しさや柔らかさ，速度の変化《ritardando, accelerando tempo rubato》等による，感情表現が生まれてきている。

［分析］

　この段階では子どもは新たに曲表情と関わって現れてくる，リタルダンド（rit. だんだん遅く）やアッチェレランド（accel. 次第に速く）やテンポ・ルバート（tempo rubato　テンポを柔軟に伸縮させて）という《速度》の変化，2拍子系（6拍子）の《リズム》，旋律楽器としての鉄琴やギターの《音色》，ニ短調の《旋律》，旋律楽器と指揮（踊り）の重なり《テクスチュア》，曲表情と関わって現れてくる微妙な強弱の変化《ダイナミックス》，序・中間部・終結部という《形式》の経験を行ったと考えられる。

　子どもが優雅に指揮を行い，もの悲しい音色を響かせて表情豊かに楽器を演奏する姿から，彼等は繊細で優雅という雰囲気やもの悲しくも美しいという感情や気分等の，音楽の質的な内容を掴み取ったと推察される。

［映像］

　最後に子どもが戸外でボール遊び等を行う姿が写し出され解説が流れる。

This is how musicians proceed to an educational purpose even in their play. It wouldn't be nearly so much fun and it would be slightly out of tune. But as it is there's no discord, no self-consciousness, just happiness and harmony. Children make music, music for children.

「これはいかに音楽家が演奏においてすら教育的目的に向かって進むかということである。それはそれほど面白味のあるものにならないだろう。少々調子の狂うこともあるであろう。しかし実際のところは，調和もなければ自意識もなく，あるのは幸福と調和のみだ。子どもは音楽，子どものための音楽を奏でる。」

第3節　子どもの音楽経験の発展性

　以上の分析より，（1）から（6）までの活動における子どもの音楽経験は26頁に示した表1-1のように発展したと考えられる。

　1点目として，映像《Music for Children》では，どの段階においても言葉と身体の動きと音楽を三位一体とした活動が扱われたということがある。

　その活動は子どもの日常の遊びやわらべ歌から出発する。そこに最初の楽器として打楽器が導入され，アンサンブルを行ったり，鳴らして踊ったりする。更に踊りながらアンサンブルを指揮するという，音楽と身体の動きが結び付いた活動へと発展する。特筆すべきこととして，これらの活動が室内だではなく戸外や自然の中でも行われたということがある。

　具体的には，日常の遊びから始まってわらべうたへ（先ずは運動的感性に基づいた活動，次に言語的感性に基づいた活動），次に，打楽器アンサンブルや打楽器を鳴らしながら踊る活動へ，更に，踊りながらアンサンブルを指揮する活動へと進んだ。

　2点目として，音楽の構成要素における音楽経験は小さな単位から大きな単位へ，また，単純なものから複雑なものへと系統的に発展したということがある。構成要素別に見ると次のようになる。

　速度については，遊びの中にある速度を経験することから出発して，その経験がわらべうた等にある規則性のある速度へ，更に曲を特徴付ける中ぐら

表 1-1

音楽経験				
活動	言葉（歌）	動き（踊り）	音（楽器）	音楽の構成要素
1.日常の遊び	ア. 縄跳びスケートボール投げ		縄跳びスケートボール投げ		運動的感性に基づいた「日常の遊び」に連動【速度】遊びに連動。【リズム】遊びに連動。【音色】玩具や身体から発する音色。【旋律】なし。【テクスチュア】身体の動きと身体から発する音色。【ダイナミックス】遊びに連動。【形式】反復，始まりと終止
2.わらべうた	イ. 輪舞	Ringel, Ringel Reiha の斉唱	輪舞	手拍子	言語的感性に基づいた「わらべうた」に連動【速度】規則性のある速度。【リズム】拍節的リズム，言葉のリズム。【音色】歌声，身体から出る音色。【旋律】3音（ミソラ），言葉の抑揚。【テクスチュア】歌声と動き（輪舞），身体から発する音色と身体の動きと歌声，歌声の重なり，身体から発する音色の重なり。【ダイナミックス】言葉のアクセントにある強弱の対比。身体の鳴らす部位や演奏形態（独唱や斉唱）によって異なる強弱の対比。【形式】オスティナート，始まりと終止，問答
	ウ. お手合わせ	言葉を唱える（独唱）			
	エ. となえうた	独唱や斉唱男女に分かれて斉唱		手拍子。膝打ち。指鳴らし斉奏	
3.打楽器を中心としたアンサンブル	オ. 打楽器を鳴らして輪舞	Ringel, Ringel Reiha（1番）斉唱		打楽器（木琴，鉄琴，ウッドブロック，トライアングル，コップ等）	【速度】歌い鳴らし輪舞できる（中ぐらいの）速度。【リズム】4拍子。【音色】打楽器の音色，歌声。【旋律】3音（ソラミ）。【テクスチュア】歌声の重なり，歌と打楽器，歌と打楽器と輪舞，打楽器（リズム）アンサンブル。【ダイナミックス】表現形態によって異なる強弱の対比（歌と打楽器，歌と打楽器と輪舞）。【形式】繰り返し，問答
		（2番）問答を斉唱や独唱			
		1番斉唱			
		1番斉唱	輪舞		
	カ. 打楽器を中心としたアンサンブル			打楽器（木琴，鉄琴，鈴，シンバル等）。チェロ	【速度】中ぐらいの速度。【リズム】4拍子。【音色】弦楽器（チェロ）の音色。【旋律】5音（ドレミソラ）。【テクスチュア】打楽器と弦楽器のアンサンブル。【ダイナミックス】演奏形態によって異なる大小の対比（独奏やアンサンブル等）。【形式】序・中間部・終結部
4.打楽器を鳴	キ. 打楽器を鳴らして踊る		1人でクラベスを鳴らして踊る3人でティンパニやばちや	鈴。クラベス。ティンパニ。旋律楽器（リコーダー）。チェロ	【速度】allegretto（やや速い）速度，速度の変化（rit.）。【リズム】2拍子または4拍子。【音色】旋律楽器（リコーダー）。ティンパニ，チェロ。【旋律】6音（ドレミファソラ）。【テクス

			クラベスを鳴らして踊る	木琴	チュア】打・弦・旋律楽器のアンサンブル, 身体の動きのアンサンブル, 音（楽器群）と動き。【ダイナミックス】踊りの形態（1 人。3 人）によって異なる大小の対比。【形式】2 つの部分や小曲を繋ぐ（AB 形式）
らして踊る					
5. 自然の中で音楽遊び	ク. 自然の中で音楽遊び	Winteraustreiben und Sommergewinn の斉唱	わら人形や木の枝を持ってスキップ等	旋律楽器（鉄琴, リコーダー）, 手拍子 打楽器	【速度】生き生きした（Lebhaft）速度, 少しゆるやかな（etwas langsamer）速度。【リズム】6 拍子, 2 拍子, 3 拍子。【音色】歌声。リコーダー, 身体楽器, 打楽器の音色。【旋律】教会旋法, 小さな長音階, 7 音。【テクスチュア】歌と動きと打楽器。【ダイナミックス】自然の中の音楽遊びに存在する大きさ。【形式】3 つの小曲をつなぐ ABC 形式
6. 踊りながら指揮	ケ. 踊りながら指揮		踊りながら指揮をする	旋律楽器（鉄琴類）とギター	【速度】微妙な速度の変化（rit. 等）。【リズム】2 拍子系（6 拍子）。【音色】旋律楽器（鉄琴類）, ギター。【旋律】ニ短調。【テクスチュア】旋律楽器と踊り（指揮）。【ダイナミックス】曲表情と関わって生まれる微妙な強弱の変化。【形式】序・中間部・終結部

いの速度や速い速度や緩やかな速度へ，最終的にはリタルダンド（ritardando）やテンポ・ルバート（tempo rubato）等の，曲表情と関わって現れてくる微妙な速度の変化へと発展していたのである。

　リズムについては，遊びに連動したリズムを経験することから出発し，その経験が，拍の流れに乗って唱える拍節的なリズムや，物の名前等にある言葉のリズムへ，更に曲を特徴付ける 2 拍子系（4 拍子。2 拍子。6 拍子）や 3 拍子のリズムへと発展していった。

　音色については，縄を跳ぶ音等の遊びに連動した音色を経験することから出発し，その経験が声や身体から発せられる音色へ，更に楽器の音色へと発展していったのである。特に楽器については，最初は打楽器の音色，次にチェロやギターの弦楽器の音色へ，更に管楽器のリコーダーの音色へと進んでいった。

　旋律については，わらべうたの 3 音やとなえうたにある言葉の抑揚を経験することから出発し，その経験が，半音を含まないドレミソラという 5 音

へ，更にファを加えた6音へ，また更にシを加えた7音へと発展していった。また，音階についてはオクターブを5つの音で構成する5音音階を経験することから始まって，それが中世やルネッサンスの音楽で用いられた教会旋法へ，更に小さな長音階や短音階へと発展していった。

　テクスチュアについては，独唱や独奏の経験をすることから出発して，それが同一旋律を皆で一緒に歌ったり演奏したりする斉唱や斉奏へ，更に各声部を1人ずつ一緒に歌う（演奏する）アンサンブルへと発展していった。

　また，どの段階においても言葉と動きと音楽を重ねる経験も行っている。先ずは，子ども各自で異なる表現を重ねている。歌いながら輪舞をしたり，唱えながら手拍子を行ったりしているのである。その経験は次に，2グループに分かれて異なる表現を重ねる経験へと発展している。楽器演奏グループと踊りグループに分かれて重ねているのである。身体の動きについても同様で，先ずは単独で，次にアンサンブルへと進めている。

　ダイナミックスについては，演奏形態や表現形態によって異なる音量や強弱の対比を経験している。例えば，独唱やアンサンブルという形態によって音の大小や強弱（音量）が異なることや，楽器の音量によって強弱の感じ方が異なることを経験し，更には，曲の盛り上がりや衰退という曲表情に関わって現れてくる強弱の質的な感覚を掴み取るまで，経験が発展させられているのである。

　形式については，音楽を構成する上で基本となる，始まりと終止，オスティナート，問答を経験することから始まって，序・中間部・終結部を持つ曲形式や，更には2つの部分を繋いだAB形式，3つの部分を繋いだABC形式まで経験を拡大させている。

　尚，戸外で行う活動も家の周辺から直接自然が肌に感じられる森林まで，音楽の場を拡げている。

　第3点目として，（1）から（6）までの活動を見る限り，子どもは生命力を喚起してわらべうたや音楽活動に興じ，そこで情動を育み音楽の持つ質

的な感情を感受したと推察される。

　事例で見ると，普段の遊びでは身体を動かしたり仲間とコミュニケーションを交わしたりする楽しさを味わい，わらべうたではリズムに乗る心地よさや躍動感等を感受したと思われる。

　打楽器アンサンブルでは，歌声や身体楽器という身体の媒体だけでは得られない音楽的な安定感や，5音音階の調和の取れた響きや，楽器の音色が醸し出す音楽の質的な内容（柔らかい。澄んだ。賑やか）を感受したと推察される。

　更に，音楽と踊りの一体となった活動では，曲や踊りの持つ雰囲気や感情的な内容（華やか。繊細。優雅。もの悲しい等）を，つまり，その表現を作り出している性質を感受していたと考えられる。

　更に，風や空気を肌で感じながら音を鳴らす戸外の活動では，精神的な安らぎや心地良さや開放感を感じ取っていたと推察されるのである。

　以上，《Music for Children》における子どもの音楽経験の発展性について考察してみた。

注

(1) 1996年11年27日にザルツブルクのオルフ研究所で，ヘルマン・レグナー博士（Dr. Herman Regner）の講演が行われた。その時のビデオ記録から抜粋している。誉田真理氏訳。

(2) Ulrike E. Jungmair《Das Elementare: Zur Musik-und Bewegungserziehung im Sinne Carl Orffs》1992, S.128

(3) 映像《Das Orff-INSTITUT》Manuskript Hermann Regner, Produktion Wilfried Feldhuter, Eine Produktion Bayerischen Rundfunks Studienprogramm　制作年月不明

(4) Scriped by Carl Orff, Produced by Neue Kulturfilmgesellschaft Germany, English version for Canada produced by the National Film Board.（制作年月不明），鳴門教育大学・大学院音楽科教育学研究室所蔵

(5) ミュンヘンにあるオルフセンター（Orff-Center Munich）のパンフレットには，「ザルツブルク・モーツァルテウム大学における音楽とダンス教育のための研究機

関である〈オルフ・インスティテュート〉は，音楽とダンス教育の部門における教育と研究に専念する」と説明されている。

(6)　宮崎幸次『オルフの音楽教育―楽しみはアンサンブルから―』1995　レッスンの友社

(7)　藤井康之「オルフの音楽教育観と Elementare Musik―文献と映像を手がかりに―」1996　東京芸術大学大学院研究生論文

(8)　Carl Orff-Gunild Keetman《ORFF-SCHULWERK- Musik für Kinder- VOl.4-40》1950 SCHOTT

第2章 現在のオルフ研究所（Orff Institut）における「エレメンタールな音楽（elementare Musik）」の実際
—研究所教員へのインタビューと授業実践を通して—

はじめに

第1章では，オルフの「エレメンタールな音楽（elementare Musik）」という教育哲学に基づく，オルフ自身が台本を作成した映像の分析・考察を行ってきた。ここではエレメンタールな音楽のアプローチは具体的に示されていたが，理念についての詳しい説明はなされていなかったので，エレメンタールな音楽の実態は何かと問われれば分かり難かった。

そこで，現在のオルフ研究所において，「エレメンタールな音楽」という概念がどのように解釈され，その哲学を生かしたどのような実践が行われているのかについて知りたいと考えた。それを知ることは，感性や思考を使って音楽の世界を創造することが求められる21世紀の音楽教育を考える上で参考になる。

そのために，筆者は2007年4月から9月までの半年間，オーストリアにある"モーツァルテウム・ザルツブルク大学《Universität Mozarteum Salzburg》"に招聘研究生として留学し，「音楽と動き」の授業を観察・受講してきた。

本章ではその記録（DVDや筆録）と実践者に行ったインタビュー記録を基に，現在のオルフ研究所におけるエレメンタールな音楽の実際について，オルフの教育哲学の解釈と実践の両者から紹介する。

　研究所では障害のある人たちを対象とした生活援助グループの音楽活動，大学生や大学院生を対象とした楽器製作，ダンステクニック等の授業が行われていた。筆者はその中で興味を覚えた授業に参加し，その様子を録画撮りした。人権に関わる等の理由で撮影が難しい場合は，観察したことをその場で詳細に筆録した。授業終了後に，書面やインタビューを通して，実践者にオルフの教育哲学と今回，行われた授業との関わりについて質問を行った。

　本論では，大学生や大学院生が自分の内面を掘り起こし，生き生きと創造的に表現する姿に興味を覚えた，次の4つの授業を順番に紹介する。

　1．Didaktisches Praktikum, Lebenshilfegruppe（教育的実習，生活援助グループ），2．Instrumentenbau（楽器製作），3．Schlaginstrumente（打楽器），4．Musik als persönliches Ausdrucksmedium（個人の表現手段としての音楽）である。

第1節　教育的実習，生活援助グループ（Didaktisches Praktikum, Lebenshilfegruppe）

　生活援助グループの活動について紹介する。

（1）活動の実際

　大学近辺の地域から授業を受けに来ている，知的障害と肢体不自由を併せ持つ9人から10人程度の成年を対象とした，「生活援助グループ」の実践が2007年5月8日（第1時）と5月15日（第2時）に行われた。9時30分から10時30分までである。対象者の年齢は18歳位から40歳位までで，9人のうち4人が車椅子を使用している。授業はモーツァルテウム大学に在籍する2人の教育実習生（AさんとBさん。女性）によって行われた。学生の指導は「音楽と動き」の教育学を専門とするシャーリー・サーモン（Shirley Salmon）先生が担当された。

　主たる活動は「手づくりカズー」(1)を作成し，それを使ってどんなことが
できるのかと試したり，曲に合わせて鳴らしたりすることである。

　実際には，導入として友達同士で互いに背中を撫で合ったりして体でコ
ミュニケーションを取った後，手づくりカズーの活動に入った。カズーでど
んなことができるのかと窪ませたり，筒を作って覗いたり，口にあてて息を
吹き込んだり，声を出したりしていた。更に，ギター伴奏による歌「モー
ツァルト作曲《An Den Mai 五月の歌》」や，《Paraiso パラダイス》の曲の
CD に合わせてカズーを鳴らしたりしていた。

（2）授業者：シャーリー・サーモン先生へのインタビュー

　筆者はシャーリー・サーモン先生に，書面を通して授業参観の感想を述べ
て以下の質問を行った。使用言語は英語である。

　　┌─────┐
　　│筆者│
　　└─────┘
　　障害のある生徒は落ち着いた環境で音楽活動を楽しんでいましたね。そして，
　その活動にはいつも美しい音楽があることに感動しました。例えば，教師が青年
　達に話し掛ける言葉は美しい音楽に聞こえました。教師が歌い聴かせる「五月の
　歌」の2重唱やギター伴奏は美しい音色と響きを持ち，耳に心地よく響きまし
　た。
　　「手づくりカズー」の活動では，青年達は興味を持って様々な音や声を出そう
　と試みていました。一方，教師は障害者の自発的な表現を引き出そうとして，カ
　ズーを使った遊び方を紹介したり，その遊びを青年達に模倣させたりして，様々
　な工夫を凝らしていることが分かりました。また，活動では常に音楽と動きが一
　体となって扱われた点にオルフらしさを感じました。
　　そこで次の2つの質問を行いたいと思います。
　　質問1
　　この授業とオルフの「エレメンタールな音楽」との関連についてお話し下さ
　い。その思想について一言で表すことは難しいと思いますが，私は「エレメン
　タールな音楽」とは，自分の中にある自分らしい私を探し，パフォーマンスを通
　して自分を表現することだと思います。多分，青年達は意識的に，或いは無意識

的に，「私は自分の声を使ってどんな表現をしたいの？」「私は面白い響きを見付けたよ。」「このカズーを使って私はどんな響きが作れるのかな？」等と自問自答していたと思います。

質問2

　障害者を対象として，このようなエレメンタールな音楽の実践を行う意味についてお話し下さい。

　効率優先の日本社会においては場合によって，障害のある人は社会から追いやられ，自分が何にどう感じているのか，何をしたいのか等を確かめたり，より充実した人生を見つめたりする場が持ちにくくなっています。シャーリー先生の実践は障害のある人達の成長に好機をもたらす適切なのものであると私は思います。

シャーリー・サーモン

　質問1について，我々は「エレメンタールな音楽（elementare Musik）」について考える場合，オルフ・シュールヴェルク（Orff-Schulwerk）を参照します。貴女は多分，グニルド・ケートマン（Gunild Keetman）が英訳した，「エレメンタール」についての多くの資料を見付けることができます。また，ヘルマン・レグナー（H. Regner）氏等が“ケートマン”について書いた書籍でも見付けることができます。これは英語とドイツ語で書かれています。

　貴女は「エレメンタールな音楽」とは，「自分のために自分自身を探し，その自分を表現すること」だと言いましたが，私は音楽と動きとダンスを通してということを付け加えます。研究所の特別コースのコーナーを探したら，『特別なニーズを持つ人々のための音楽とダンス』の書籍があるので，そこで貴女はエレメンタールの定義を知ることができます。…（略）…。

　質問2について，オルフ・シュールヴェルクの基本的な見解は，すべての参加者が自分のレベルに応じて活動すべきだということです。その人に相応しい（優しすぎず難しすぎない）作業であるなら，どんなレベルの能力の人が集まったグループでも一緒に活動することは可能です。

　また，貴女は「成功志向の騒がしい日本社会においては，知的障害者は取り残されて自分を見つめる時間を持たない」と言いますが，これは学業成績が重視され，他のもの（お金を生み出さないもの等）は評価されないという社会が持つ問題です。知的障害のある人にとっては難しい問題ですね。…（略）…。

（3）まとめ

　上記の実践とインタビュー内容を整理する。

　シャーリー・サーモン先生は，「エレメンタールな音楽」の解釈について，オルフが弟子のグニルド・ケートマン氏と作り上げた『オルフ・シュールヴェルク』や，長年，仕事を共に行ってきたヘルマン・レグナー氏が書いた書籍を参照せよと言っている。つまり，オルフと直接に関わったことがない自分の間接的な解釈を示すのではなく，オルフと一緒に音楽の仕事を行ってきた人達の見解を読んで，判断して下さいと言っている。

　実践は，サーモン先生独自の解釈に基づいて行われていると言える。具体的には，音楽と動きとダンスを三位一体として扱いそこで試行錯誤しながら即興で自分らしい表現を見付けさせる，ここでは子ども各自の能力に応じた音楽活動を用意する，そして，どんなシンプルな音楽であっても常に音楽美の追求は重視する，ということがあった。

第2節　楽器製作（Instrumentenbau）

　楽器製作の活動について紹介する。

（1）活動の実際

　大学生を対象とした「楽器製作」の活動が行われたので受講した。2007年4月8日（火）と15日（火）の18時00分から19時30分までのことである。指導者はミヒャエル・ビッドマー（Michel Widmer）先生である。

　この活動の課題は，学生各自が製作したい楽器を考え，身近にある材料を使って，素材の音色を生かし切った音色や響きを持つ手づくり楽器を作り出すことである。研究所近辺の雑木林で小枝を集めてきて木琴を，2股の木の枝に弦を張って弦楽器を，植木鉢や紙筒にパラフィン紙等を貼ってドラムを作ったりするのである。そして，完成した段階でそれらの楽器を持ち寄って

演奏会を行う。

　筆者は植木鉢等を材料としたドラム作りに挑戦した。そこで「紙の張り具合は適切か？」「音色や響きの具合はどうか？」「ドラムにどんな絵を描こうか？」と自問自答しながら製作に励んだ。小枝を使った木琴づくりに挑戦している学生は音板の調律に余念がなく，オルフ木琴の音高に合わせてアーチ型に音板を削る等，目指す音を求めて工夫を重ねていた。

　この活動は手づくりの良さを生かしながら，同時に，音色の美しさや響きの良さ，音程の正確さを求めている点で，楽器の形を真似た物を作って鳴らすというのではなく，芸術としての「音楽」を追求しているという印象を受けた。つまり，音楽の諸要素を組織することによって質的世界が表現できる楽器づくりを目指していると言える。

（2）授業者：ミヒャエル・ビッドマー先生へのインタビュー

　筆者はミヒャエル・ビッドマー先生に書面によって質問を行い，その後，日独通訳を介してインタビューを行った。通訳はオルフ研究所の学生の吉永雅美氏である[2]。インタビューは長時間に渡ったため，ここでは主なやり取りのみを抜粋して以下に記す。

　　筆者

　　　私は学生達が身近にある素朴な材料を使って，独特の音色と良い響きを持つ楽器を作り出すことに驚きました。…（略）…。

　　質問1

　　　この実践とオルフの「エレメンタールな音楽」との関連についてお話し下さい。

　　　私は「エレメンタールな音楽」とは，自分の中にある自分らしい自分を探し，パフォーマンスを通して自分を表現することだと考えるのですが，学生は楽器製作の過程できっと自分に次のように問うたと思います。

　　　「私はどんな楽器を作りたいの？　ドラム？　それとも木琴？」

　　　「どんな方法で楽器を作ろうか？」

　　　「デザインは？　どんな色で？　どんな音色で？」等々。

　また，私は「エレメンタールな音楽」には起源への回帰という意味があると思います。例えば，人類最初の楽器が小枝や石であったように…（略）…。

ミヒャエル・ビッドマー

　先ず始めに，「エレメンタールな音楽」と楽器製作との関わりについて話しましょう。楽器製作はすでにギュンター・シューレ（Günther-Schule）[3]でも，課目の一つとして学生が学んでいたものです。オルフがこの研究所で音楽の先生として働いていた最初の時期に，すでに行われていました。その当時，楽器がなかったからです。1920年から1925年頃までドイツではラッセル（ガラガラ）や竹笛や小さな皮の太鼓がありましたが，それらは人が自分で作っていたものでした。買えなかったからです。

　また，ドイツとオーストリアの第2次世界大戦後は，楽器がとても高かったので，自分で竹から笛を作る人もいました。…（略）…。1952年にショット社から出版されたこの本には，複雑な竹笛の製作が掲載されています。どんな工具を使うのか，どこにどのくらいの間隔で笛の穴があくのか等，すべて書かれています。同じように，簡単な3和音に関するものが木琴です。つまり，アイディアは人が自ら何かを作り上げることができる，人が買うことのできない楽器を安く手に入れることができる，というところから生まれてきました。…（略）…。

　子ども達が自分で楽器を作る意味は，心の中で楽器に対する価値を高め，楽器との関係を築くためです。何故なら自分が作った楽器を投げ捨てたりしません。また，子ども達が音の成り立ちの原理を知ることは必要です。例えば，揺れる，空気が流れていく，音響板や革が震えるという原理です。

　その他，重要なことは，エレメンタールな音楽ではその人自身が音楽と動きをやりたいと思うから行うのです。誰かから「やれよ」と言われてやるのではなく，自分がしてみたいと思い，自分を表現したいと思うからです。自分が作った楽器だから，自分を表現することに対する「やる気」が起こるのです。楽器製作は子ども達（音楽経験のある子。未経験な子。音楽の先生の基で否定的な音楽体験を持つ子）にとって，再び肯定的な動機を作りあげる可能性を持っています。

　小さな子ども達にとってはこの単純な楽器がすばらしいもので，豊かな価値を持った楽器になり得ます。ただヨーグルトの容器に紙を貼って物を詰めただけでも，小さな子どもは振るという原理を体験します。もっと複雑な高度なリズムを鳴らすこともできます。つまり，全く異なった様々な「できる」というレベルの中で演奏できるのです。

　周囲にある素材（紙や革や花の鉢）だけで簡単な太鼓が作れるし，例えば，トーントロンメル（音の太鼓）やトーントプフ（音のなべ），高価な素材でも作ることができます。本当に専門的なトロンメルがそうです。素材の質やそれを作る人の能力や年齢によって，本物に近い専門的な楽器ができます。

　（楽器製作室にある）これらの楽器ですてきな響きの遊びを行うことができるし，リズム領域の中で活動することもできます。更に調和の取れた旋律を持つ領域まで進んでいくこともできます。自分で作った楽器でも同じです。私は音階を作ることができるし，調律することもできます。…（略）…。つまり，手づくり楽器が遊びだけに制限されるのではなく，それを使って作曲したり，斉奏や独奏したり，ハーモニーやハーモニーの変換を行ったり，即興を行ったりすることもできるのです。

　その場合，特別なこととして全く楽器の弾けない人達でも，同じように演奏することができます。彼らは自分が作った楽器を鳴らしたい，それで遊びたいと思うでしょう。つまり，音楽家ではない人達でも音楽的な遊びに夢中になれるということです。

　更に，楽器製作では私たち（学生達）は人類が進んできた道を歩みます。人類は，楽器が高度な芸術になるまでに，単純な素材からアナログの世界へ，更にデジタルの世界まで発展させました。自然の中で響き（音）を発見し，音楽を行うために自然からの素材を使用しました。

　自然から得られる音を探し求めることです。私はこれらの材料を変化させ（束ねる。乾燥させる。綺麗にする），楽器として使用できるように試みました。…（略）…。

　貴女（筆者）が質問されていたように，それは原始への回帰であり，エレメンタールな音楽活動もまた人間の根源的性質と多くの関わりを持っているのです。何かをするということ，人々がすでに5万年もの昔から喜びを持ってやっていたものを。人々は当時もすでに歌うことや踊ることを楽しみにしていましたが，これはつまり原始への帰還であり，それはまた楽器製作の中でも言えることです。

　この研究所の授業に…（略）…楽器製作が含まれます。それは勉強中や後で行う仕事の中においてアイディアを投入したり，特別な状況に応じて楽器を作ったりすることができるためのものです。

　私は1989年頃，鉄のカーテンが開かれて以降，ポーランド，ハンガリー，ルーマニア，ロシア等，東ヨーロッパでセミナーを行ってきましたが，そのコースの中で学生達が私から得たものは，信じられないようなプレゼンテーションだった

のです。…（略）…。彼等はいつも「私たちは楽器を手に入れるためのそんなお金を持っていません」と言っていました。人が楽器を自分で作ることを彼らの伝統的な教育の中では知りませんでした。

　時々私はとても大きなものを実験的に学生達と作ります。…（略）…。溶接し，ハンマーを振って…（略）…大きな太鼓を作ります。これは実験的なもので，単純に鉢そのものですがそこには大きな可能性があります。（略）

（3）まとめ

　ミヒャエル・ビッドマー先生は，「エレメンタールな音楽」を，原初（本来）への回帰や人間の根源的性質と関わるものという捉え方を行っていると言える。

　具体的には次のように説明している。人は大昔から歌い踊り音を鳴らして感情を相手に伝えてきた。また，楽器が存在しない時代でも自然の中に音の出るものを発見し鳴らしてきた。このように音楽は人間の根源的な欲求として存在している。楽器製作も音楽の根源を辿ればエレメンタール（原初への回帰）な活動であると言える，と。

　また，研究所における最初の楽器製作も，それらが必要であるにも関わらず入手できなかったことから始まったことや，その実践は創造的で人間を育てる媒体となり得ると共に，個々の子どものレベルに応じた活動が展開できること等をあげ，これらはエレメンタールな音楽としての特徴を備えていると言っている。

第 3 節　打楽器（Schlaginstrumente）

　打楽器の授業について紹介する。

（1）活動の実際

　2007年 4 月18日（第 1 回目），5 月 9 日（第 2 回目），5 月16日（第 3 回目）

の12時15分から13時45分まで，学生数名と大学院生5名を対象とした「打楽器」の授業が研究所の練習室で行われた。誉田真理（Honda Mari）先生が担当された。

　第1回目はマリンバの指導である。ばちの持ち方，奏法，基本的な調への移調（C dur → F dur → G dur），7拍子のリズムの練習が行われた。第2回目はコンガによる奏法と即興アンサンブルの指導，第3回目は音具を含めた小打楽器（炭や石で作られた有音程打楽器，木魚，カスタネット，ウッドブロック，スリットドラム）による即興アンサンブルである。

　第3回目の即興アンサンブルの授業は次のように展開された。

　5人の学生がロンド形式の作品を即興で作っている。その場合Aの部分と終止の部分だけが決められている。学生各自がBやCのフレーズを自由に作りABACAD…の順番に演奏していく。そして，最後に全員で終止を鳴らすのである。

（2）授業者：誉田真理先生へのインタビュー

　筆者は誉田真理先生に授業の感想や質問についての書面を送付し，その後，インタビューを依頼した。主なやり取りの内容は次の通りである。

　　筆者
　　授業では真理先生は常に笑顔で学生に接しておられ，また，学生は真剣に，しかし実に楽しそうに即興を行っている様子に感銘を受けました。
　　誉田真理
　　音楽の授業で学生に怖い思いはさせません。…（略）…。即興の力を付けるためにはそれがいかに楽しいかということが大事です。楽しいから即興をやってみる。即興は楽器を使ってのお喋りです。だから指導者は学生が「喋りたい」という風にしてやる。指導者が怖いと誰も音楽をしなくなります。
　　また，教育は長い視点で時間を掛けて育てていくものだと思います。学生が勉強する姿勢を育てる。できないから「だめ」なのではなく，「今，だめ」だけれど可能性を秘めている（という考え方をしています）。先生は育てるのが仕事で

す。私は卒業後，自分で歩いていける学生を育てています。

筆者

　授業は技能の習得と即興アンサンブルの両者から行われ，前者は打楽器の基本奏法，リズム（7拍子），音色の追求等が中心になっていました。日本ではこれまでの技能中心の授業に反省がなされ，「音楽づくり」が子供の感性やイメージを育てる上で必要だという考えの基に，創作が重視されるようになりました。しかし，私はどちらか一方に偏るのではなく両方からのアプローチが必要だと考えます。

誉田真理

　基本的なことは教えなければいけません。…（略）…。自分の中だけで試行錯誤していても「井の中の蛙」です。学生は良いものに接していかなければいけません。良い音楽の一部を自分でも弾いてみる。一音ずつから（出発して）次には弾けるようになる，というように。

筆者

　即興アンサンブルでは，コンガやスリットドラムや有音程打楽器（木魚，炭琴，石琴）を使って，決められたリズムを全員で鳴らし（A），次に即興で個別に鳴らし，最後は全員でコーダを演奏する，というロンド形式（ABACAD…コーダ）による作品づくりが行われていました。ここでは個人が自分のやりたいことを見付け（どんなリズムで鳴らそうか？　どんな音を使おうか？　木魚にカスタネットの音色も加えてみようか？　等），仲間とコミュニケーションを成立させて，一つの作品を作り上げていきましたが，この活動と「エレメンタールな音楽」との関連についてお話し下さい。

誉田真理

　決められたものを発展させ自分の演奏をする。そのバランスが大事です。そしてまた，音楽は社会性を育てるのに役立ちます。

　ところで，人は何のために音楽をするのでしょうか。楽しいからと応えるかも知れないけれど，私は表現したいものがあるから音楽をすると言いたいです。

　なぜ日本では「エレメンタール」についてそんなに大事に言うのでしょうか。「エレメンタール」に拘ることはありません。オルフも「エレメンタールとはこうだ」ということは何も言っていません。

　それは素材としての音楽，人間を育てるための媒体であって，音楽が究極の目的ではありません。媒体としての音楽。人によってエレメンタールな音楽の捉え方が違っていても構いません。誰もはっきりしたものは持っていません。日本で

は，エレメンタールは初歩的とか基本的と訳されていますが，それではオルフの音楽は簡単でよいのかと誤解されます。幼稚園で通用するような手拍子を入れて，それがエレメタールな音楽だと言われると違います。エレメンタールな音楽は誰にでも通用する音楽です。音楽を媒体として誰でも音楽ができる。文化が違っていても，言葉が違っていても，音楽がよく出来てもそうでなくても。エレメンタールな音楽は，自分の状態，相手の状態，文化的状況等によって変えていける音楽である，と捉えると間違いありません。

「エレメンタールとは何か？」について，オルフ研究所では先生によって解釈が少しずつ異なります。オルフも「これだ」と断言すると怒りました。私が研究所の学生だった頃，オルフが研究所に来たので，学生達がオルフの作品を演奏しました。その時，彼は「ありがとう。上手だった。でも今は何年。僕がこれを書いたのは…（略）…。学生がこんなものを使ってはいけない。自分のものを作りなさい」と言いました。

オルフ・シュールヴェルク（Orff Schulwerk）は彼が書いたものではありません。オルフが自分の弟子のグニルド・ケートマン（Gunild Keetman）に「こういう風な感じで書いて」と頼み，彼女が書きました。学生を指導するための例として書いたのです。指導の仕方は，自分達の文化や自分達の言葉に合わせて，自分で作らなければいけません。バイブルと同じで自分達で消化しなければいけません。

[筆者]

今回，授業で扱われたリズムは，混合拍子（7拍子等）や変拍子等で，日本の授業ではあまり馴染みのないリズムが多用されました。特別な意味があるのでしょうか。

[誉田真理]

変拍子ができると他の拍子もできます。ヨーロッパでは色々なリズムを使っています。変拍子は当たり前（習慣）です。ブルガリアの民族音楽では16分の13，8分の7拍子等が数多くあります。トルコでもハンガリーでも。リズムは型にはめるといけません。いつでも4分の4拍子や8分の6拍子であると楽だけれど型にはまってしまいます。

音の問題として外国語を捉えたとき，現実的，便利主義のドイツでは取り合えず話せることが重要になってきます。…（略）…。自分の母国語でない音を使うことが大事です。それをイメージで捉える。音楽を行うのと同じです。

言いたいことがないなら歌ったり弾いたりしないでほしい。言いたいことがあ

るから音楽をするのです。

筆者

　授業ではコンガを鳴らしながら歌ったり（アフリカの歌のようでした），体で
リズムを感じながらコンガを打ったり，そこに日常会話を乗せたりする活動が行
われていました。教材としてアフリカやラテンの民族音楽を多様されているとい
うことでしょうか。

　また，民族音楽やプリミティブな音楽においては表現媒体が一体化している場
合が多いのですが，この点についていかがでしょうか。

誉田真理

　ブラック・アフリカの音楽を使っています。北アフリカとは違います。よく使
うのは中央から南，ガーナ，セネガル，モロッコ等です。打楽器はリズムカルな
ので南米のものも使います。

（3）まとめ

　誉田真理先生は「エレメンタールな音楽」とは，音楽が究極の目的ではな
く人間を育てるための媒体で，それは誰にでも通用する音楽で，自分や相手
の状態や文化的状況等によって変えていける音楽である，と捉えている。そ
して，その捉え方は人によって異なっても構わないと言う。

　その実践として打楽器アンサンブルを行っている。ここでは基本を発展さ
せ，即興によって自分の表現を出してくる，という活動になる。基本の練習
は，良い音楽に触れることが音楽的な発達や，即興を行うために必須であ
り，一方，即興については音を通したお喋りで，人は話したいことがあるか
ら音楽を行う，という立場に立っている。そのために，基本と即興の両者の
バランスを考えて指導を行っている。

　教材は，ヨーロッパ系だけではなくブラック・アフリカ等の音楽も扱って
いる。リズムは2拍子系だけではなく変拍子も扱っている。変拍子は東欧等
では「当たり前」であり，変拍子が身に付けば他のリズムもできるようにな
る，と考えているからである。

第4節　個人の表現手段としての音楽（Musik als persönliches Ausdrucksmedium）

　個人の表現手段としての音楽について紹介する。

（1）活動の実際

　2007年4月26日，5月4日，5月24日の午前10時30分から12時00分まで，「個人の表現手段としての音楽」の授業が，アリ・グラーゲ（Ari Glage）先生によって行われた。受講者は大学生（女子）13名である。ここではチック・コリア（Chick Corea）のピアノ曲《Children's Song 子どもの歌》[4]を，楽器と声と身体の動きによる作品に編曲する課題が与えられた。

　学生は2人か3人程度で自由にグループを組み，相談して《子どもの歌》の中から1曲を選び作品づくりを行うのだが，実際の作業は宿題として課せられた。授業は作品発表と作品に対する教師や鑑賞者（受講者）の感想を述べたり批評したりする場とされた。

　5月24日の授業を紹介すると次のようである。

　午前の授業（10：30-12：00）では各グループの作品を発表した。ここでは授業が開始されても学生2人は床に寝そべったままであったが，それでも教師は注意を与えることもなく，自由な雰囲気の中で進められた。

　最初の発表者は女性2人でグループを組み，《子どもの歌》の4番を課題曲として選択していた。先ずは4番をピアノで演奏し，次に声・身体の動き・楽器による作品に仕上げてきたものを披露していた。発表後には学生や教師との意見交換等が行われた。このような活動が昼間に行われた後，その日の夕刻には，研究所の1室で保護者や学生を対象とした発表会が催されたのである。

（2）授業者：アリ・グラーゲ先生へのインタビュー

　筆者はアリ・グラーゲ先生に書面を通して授業参観の感想を述べて，英語で次の質問を行った。

　　筆者

　　　私は，コンサートでは学生がピアノ曲《チック・コリアの子どもの歌》を言葉と動きと音の作品に編曲して発表していましたが，それがあまりにも創造的なものであったので感動しました。リコーダーを望遠鏡のように使用してパフォーマンスを行ったり，イメージに合う音色を求めてマリンバの共鳴管（音板ではなく）をグリッサンドしながら鳴らしたりしていましたね。鑑賞していた私は，彼女らがお話を創造してそこでドラマを展開しているように感じました。

　　　そこで2つの質問を行いたいと思います。

　　　質問1

　　　　レッスンのあと先生は学生にどんなアドバイスを行われたのですか。先生は最初に学生が演じているパフォーマンスの意味を尋ね，それから編曲のための特別なアドバイスをされたのではないかと考えますが，いかがでしょうか。

　　　質問2

　　　　この実践とオルフの「エレメンタールな音楽」との関連についてお話し下さい。

　　アリ・グラーゲ

　　　まず最初に，この作品の課題は宿題であったことを言わねばなりません。私は学生が作業を始める前に，次のような指示を与えただけで，そんなに多くのアドバイスは行っていません。

　　　・色々な楽器を使って，他の「サウンド・カラー」を作品に与えなさい。

　　　・新しい組み合わせを作るために，できたらオステイナートを使いなさい。それらを連続して，或いは，新しいバリエーションを乗せて（演奏しなさい）。

　　　・もし，やりたければ新しいパートを作りなさい。

　　　・曲の雰囲気を感じて自分自身の演奏を作りなさい。

　　　それから学生は自分達のアイディアを持って授業に来ました。その結果はとてもすばらしく，ほとんど何もすることはありませんでした。

　　　質問1について，前にも言いましたように，ほんの少し詳しく（作品の）検討を行っただけです。学生が少し意見を言い，そして，我々はいくつかの音楽的な

ことについて，例えばダイナミックス等について話しました。しかし，概してその作品はすばらしく，私が彼女らにそれ以上，多くのアドバイスを与える必要はありませんでした。私達はオリジナル作品を広げたのかどうかについて指摘を行いました。そして，彼女らがアレンジするためにどんな要素を使ったのかを理解しました。何故なら彼女らのほとんどがピアノ以外の他の楽器を使っていて，オリジナルバージョンだけで演奏していなかったからです。学生は新しいものを創作しました。彼女らがどんなことをしたのか，口で言うのは簡単ではありませんが。

　また，学生が創造的な表現を行うために，教師はどんなアドバイスや示唆を与えたのかについては大きな問題です。概して沢山の創造的な内心があります。それをさせるためには「枠組み」が必要です。例えば，即興においてはいくつかの演奏ルールがあります。そして，演奏してみて自分のアイディアで自分を驚かせるのです。そのためには自分自身の内面を知ることが必要です。静かに沈黙を聴くのです。それが一つの方法です。

　私の幼い娘を見ているとよく分かります。彼女が音楽を聴いているとき，彼女は動き始めます。私はそのあとに続いて彼女と一緒にダンスをします。そこで私はいつも彼女の表現に驚かされます。何故なら私は彼女に何も教えていないのですから。

　…（略）…また，基礎的な材料の練習も必要です。例えば，リズムについてですが（これは私の中心的課題です），授業で行ったような沢山の中心的要素の練習を行います。例えば，「ビート」を合併させた足踏み，同時にいくつかの要素を持つ手拍子やリズム・パターンの演奏…（略）…練習の可能性としてこのようなものがあります。

　創造的な表現（を行うために）は音楽的素材の練習をすることと，新しい方法で知識と合体させ，自分のアイディアを持って演奏できるようにする，両方の分野の練習が必要です。

　質問2の，この実践とエレメンタールな音楽との関連についてですが，オルフのエレメンタールな音楽の1つのアイディアは，音楽（動き）の基本的な構造と関係を持つことです。この素材で自分自身の表現を見付けることです。チック・コリアのプロジェクトは偉大な作曲者の曲が素材でした。だから，この実践は難しい。何故ならこの曲は只，素材でしかあり得ないのですから。

　しかし，それらは簡単な旋法のメロディー，沢山のオスティナート等という，いくつかの要素で構成されています。学生が自身の作品を見付ける方法は，この

ように作ることが可能であることを私に示しています。何故なら，創造され作曲された新しい作品は，それ（コリアの作品）を離脱していたからです。

（3）まとめ

アリ・グラーゲ先生は，「エレメンタールな音楽」とは，音楽や動きを素材とした創造的な表現である，と捉えている。その実践として，既成のピアノ曲を声・身体の動き・楽器による1つの作品に編曲する活動を試みている。そこでは自分の内面を見つめて自身の表現を見付けることや，独自のアイディアを生かして創造的に表現することを課題としている。その課題を達成させるために，1つには日頃から音楽的素材の練習（特にリズム）に励むことが大事であると言う。そこで身に付けた新たな知識と合体させて，自分のアイディアを持った演奏ができるようになる，と考えるからである。更にまた，独自のアイディアを生み出すためには，静かに沈黙を聴き自分の内面を知ることが重要であると言っている。

第5節　オルフ研究所におけるエレメンタールな音楽

エレメンタールな音楽という概念が，現在のオルフ研究所の教員にどのように解釈されているのか，4人の教員へのインタビューと実践を通して探ってきた。

その結果，「エレメンタールな音楽とはこうだ」と明言するような，共通の定義は見い出せなかった。しかし，自身の内面に耳を傾け，音楽と動きと言葉を媒体として即興で自分を表現する音楽，と捉える点においては4人に共通するものがあった。また，教員個々によっては源泉への回帰という解釈や，楽しみや喜びを求める人間本来の姿と関わった音楽や，或いは，誰にでも通用する音楽，音楽的且つ人間的に人を成長させる媒体，という捉え方もなされていた。

　このような解釈に基づいて，自分や相手の状態，文化的状況や時代の状況に合わせて，教員各自が専門性を生かして活動を構想し実践していた。具体的には，身近な材料を用いて良い音色と響きを持つ「手づくり楽器の製作」，既成の打楽器だけではなく神秘的で澄んだ音色に特徴のある石琴や炭琴を用いた「打楽器アンサンブル」，既成のピアノ曲を音楽と動きの作品に編曲する「個人の表現手段としての音楽」，特別な支援を要する人達を対象とした「生活援助グループ」等の活動が行われていた。

　どの実践においても，心の中に浮かんだイメージや思考や感覚等の内的世界を，音楽と動きを媒体として組織し表現するという内容を持っていた。また，常に音楽の美しさ，言い換えれば，本物の音楽を勉強させようとしている姿が印象的であった。事例を通して見ると，障害のある人達の音楽活動では教師が語り掛ける言葉でさえも美しい音楽に聞こえ，楽器製作においては楽器の形状だけを真似るのではなく，素材の質を生かし切った音色や響きを引き出すことが重視され，打楽器アンサンブルでは「即興は音を通したお喋りで，表現したいものがあるから即興を行う」という立場に立って指導がなされていた。また，編曲では自身の内面に耳を傾け，個々のイメージを生かした創造的な作品づくりに挑戦させていたのである。

　オルフ研究所におけるこのような実践は，我が国のこれからの音楽教育のあるべき姿を考えるとき，示唆を与えてくれると確信する。

注
(1) 紙で作った管の一部に薄い膜を張って，声を共鳴させビリビリした音に変質させる楽器を作っている。
(2) 但し，ドイツ語による本記録の翻訳は筆者と吉永氏が共同で行っている。
(3) オルフは1920年代に，舞踏家のドロテー・ギュンター（Dorothee Günther）と，ミュンヘンに体育・音楽・舞踏を教えるギュンター・シューレを設立している。
(4) CHICK COREA《Children's Songs 子どもの歌》1980 SCHOTT

手づくり楽器の製作

打楽器アンサンブル

第3章 オルフの「身体楽器アンサンブル」における音楽経験の発展性
——音楽経験の発展性，認識の成立，音楽経験の構造——

はじめに

　第1章と第2章では，オルフの「エレメンタールな音楽」の理論と実践について，オルフ自身が台本を作成した映像《Music for Children》の分析と，現在のオルフ研究所で行われている「音楽と動き」の授業を通して概観してきた。

　では，「音楽と動き」の活動は，実際にはどのように組織され実践されているのであろうか。

　このことを知るために，オルフ研究所で行われた授業の中から，特に印象深く感じ，また，系統立てた指導がなされたと考える「身体楽器アンサンブル」[1]を取り上げ，次の3点から探っていこうと考えた。

　子どもはどのように身体楽器アンサンブルを経験したのかという視点に立って，1．子どもの音楽経験の内容はいかに発展したのか，2．その発展過程で子どもの認識はどのように成立したのか，3．そこで子どもの音楽経験はいかに組織されたのか，という視点から見ていく。

　この研究は子どもの音楽的発達に即したカリキュラムの開発や，その場限りで終わらない発展性のある身体活動の授業を構想する上で，示唆を与えてくれると考える。

第1節　身体楽器アンサンブル

「身体楽器アンサンブル」は，研究所教員の誉田真理（Honda Mari）先生によって行われた。

90分の授業は言葉と動きと音楽を媒体として，（1）変拍子を遊ぶ，（2）変拍子のリズム・フレーズ《ジョニー》の表現，（3）変拍子のリズム・フレーズを作る，（4）変拍子のリズム・アンサンブル，という4種類の活動で構成された。それは90分のプロセスの中で，（1）導入，（2）展開A，（3）展開B，（4）総合，として位置づけられる。どのプロセスにおいても変拍子を経験することが中心になっていた。

筆者も受講し，手遊びをしたり踊ったりしているような気分で活動していたが特に難しいと感じることは何もなかった。しかし，遊びから始まった活動は，うたに合わせた手拍子や足拍子を経て，最終的には身体楽器による変拍子のアンサンブルにまで発展していった。そして見ていても聞いていても面白い作品に仕上がっていたのである。一体どのような発展がなされたのか不思議に思うと同時に，緻密に計算された授業が展開されたことに感心せずにはいられなかったのである。

ここでは，筆者の活動体験と授業の詳細を録画したビデオ記録を資料として，音楽経験の発展性，認識の成立，音楽経験の構造の3点から分析・考察する。ビデオは主催者によって録画されたものを使用する。

第2節　音楽経験の発展性

先ず，音楽経験の内容の発展性を見る。その経験内容として変拍子の概念を学習することがあった。概念とは変拍子を経験した後に残っている，漠然とした意識やイメージや，リズム，音色，旋律等という音楽を構成する諸要

素のことである。この節では，導入から総合までの各段階の活動を時間的順序に即して記し，音楽の構成要素の側面から分析していく。

（1）導入

　導入の段階では主にボールを媒体として変拍子を遊んだ。実際の活動を表 3-1 として記す。

表 3-1　「変拍子を遊ぶ」

1．ボールでどんなことができるかな？（手の平で回す。転がす。突く）。
2．「ふーふーふーふー」というはなうたを，抑揚を付けて 4 拍のまとまりとして口ずさむ。「ふーふーふーふー　／ふーふーふーふー／…（繰り返し）…」。
3．そのうたに合わせて足でボールを転がし，4 拍目で止める。
4．全員で歌いながらボールを突く。
5．歌いながらボールを突いて歩く。
6．最初の 4 拍はボールを突き，次の 4 拍はボールを持って手拍子を行う。
　　（4 拍ボールを突く・4 拍手拍子）
7．最初の 8 拍はボールを突き，次の 4 拍はリーダーがボールを持って手拍子を行い，次の 4 拍は全員でそのリズム模倣をする。
　　（8 拍ボールを突く・4 拍リーダーが手拍子・4 拍全員でリズム模倣）
8．歌いながら右手でボールを 1 つ突き左手で掴む，次に，左手で突いて右手で掴む動作を繰り返す。
9．円になる。「1，2，3……」とかぞえうたを歌いながら 8 の動作を行う。8 拍目でボールを隣の人に送る。
10．9 の動作を行いながら隣にボールを送る拍を，8 拍目，7 拍目……1 拍目と 1 拍ずつ減らしていく。
11．同様にして，ボールの送る拍を 2 拍目，3 拍目……と 1 拍ずつ増やしていく。
12．ボールに代わって膝打ちで10と11の動作を行う。そして，拍子の変わり目で相手の膝を打つ。

　　　　　　　　左右…

　　　　✘は左右の膝打ち　　□は左右の相手の膝を打つ

　1 から12までの活動を構成要素別に見ると，音楽経験の内容は次のように発展したと言える。

《リズム》については拍子に関することがあった。それは遊びに連動した拍子から始まって，単純拍子（４拍子）へ，更に変拍子まで経験が発展した。

　具体的に見てみよう。

　最初はボール遊びに存在する等拍や規則性のない拍子を経験した。続いて４拍で１まとまりのはなうたに合わせてボールを突いて，４拍子の経験を行った。更に「８，７，６」「７，６」と順次に数が減少したり，「１，２」「１，２，３」と順次に数が増加したりするかぞえうたに合わせてボール遊びを行って，拍子がたびたび変化する変拍子の体験を行ったのである。

　《音色》については，ボール等の音具から出る音色の経験から始まって，となえうたやかぞえうたで遊ぶ人の声の音色，更に膝打ちによる身体から出る音色の経験を行った。

　《旋律》については，節（ふし）になる以前の歌の萌芽とも言える，となえうたにある抑揚を経験した。

　《速度》については，遊びに連動した遅いや速いという速さの経験を行った。

　《テクスチュア》については，一斉に膝打ちを行って身体から出る音色を重ねる経験を行った。

　《ダイナミックス》については，独唱（奏）や斉唱（奏）という演奏形態によって異なる，大きい，小さいという感覚の対比の経験を行った。

　《形式》については，先ずはリズム・パターン，次にリズム・パターンを繋いだリズム・フレーズ，更に模倣や問答の形式の経験を行った。

　実際には，最初は４拍で１まとまりのはなうたを歌って，曲を構成する小さな単位であるリズム・パターンを，続いて４拍（ボール突き）と４拍（手拍子）を繋いで一まとまりとするリズム・フレーズを，更に４拍でリーダーがリズムを作り（問），次の４拍でリーダーのリズムの模倣を行う（答）という，模倣や問答の経験を行ったのである。

　また，かぞえうたにおいても，変拍子を構成する小さな拍のまとまりと，

これらのパターンを繋いだリズム・フレーズの経験を行った。

（2）展開A

　展開Aの活動を見てみる。

　この段階では言葉・身体の動き・身体楽器を媒体として，変拍子のリズム・フレーズ「ジョニー」の表現を行った。実際の活動を表3-2として記す。

表3-2　「変拍子のリズム・フレーズ《ジョニー》の表現」

1．円になって椅子に座り《ジョニー》の指遊びを行う。
2．「ジョニジョニ…（略）…」と歌い，「フー（5拍目と7拍目）」の歌詞のところで足拍子を行う。
3．12拍目の「フー」の歌詞で，両足を揃えて足拍子を行う。指遊びは止める。
4．椅子から立ち，ジョニーを歌いながら足拍子のところで動く（足を踏み出す）。最後の足拍子は両足で跳ぶ。
5．4の活動に手拍子を加え，手拍子と足拍子で行う。歌は止める（楽譜1）。
6．円になって楽譜1（5の表現）を行う。最初の2フレーズは円の中心に向かって歩き，次の2フレーズで元の場所に戻る。
7．6の活動を奇数と偶数の2つのパートに分かれて行う。奇数の人は手拍子，偶数の人は足拍子をする。
8．奇数と偶数の2つのパートに分かれて楽譜1をカノンでずれて重ねる。

楽譜1

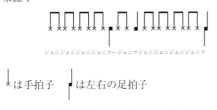

|は手拍子　|は左右の足拍子

　ジョニーの活動を構成要素別に見てみる。

　《リズム》については，最初から5拍・2拍・5拍と，拍子がたびたび変化する変拍子のフレーズを経験した。

　《音色》については，人が歌う声の音色や，手拍子や足拍子（身体から出

る）の音色の経験を行った。

《旋律》については，《ジョニー》のうたにある言葉の抑揚を経験した。

《速度》については，指遊びに連動した緩やかな速度の経験から出発して，慣れてくると，一定の速度を保って変拍子のフレーズを手拍子と足拍子と身体の動きを媒体に表現する経験を行った。

《テクスチュア》については，先ずは手拍子と足拍子を１人で行い，次に手拍子組と足拍子組に分担して重ね，更に２つのグループが１フレーズずつ「ずれて重ねる」カノンの経験を行った。

また，異なる媒体を順次増やして重ねていく経験を行った。歌と指遊び，そこに足拍子を入れる，更に身体の動きを付ける，というように重ねていったのである。

《ダイナミックス》については，表現形態によって異なる大小の対比の経験を行った。指遊びから出発した活動は，次に身体楽器による表現へ，更に身体楽器に動きを加える，という形で表現形態を拡大していったのである。

《形式》については，リズム・パターンを経験することから出発して，リズム・フレーズへ，更にオスティナート，そして，カノンの経験へと進んだ。

実際には12拍で構成された「ジョニー」の，「ジョニジョニジョニジョニフー」という５拍目，続く「ジョニフー」という７拍目，次の「ジョニジョニジョニジョニフー」という12拍目で足拍子を入れて，５拍や２拍の小さなまとまりを経験した。更に手拍子と足拍子で「ジョニー」を途切れることなく表現して，５拍と２拍と５拍のリズム・パターンを繋いだリズム・フレーズを経験し，最後に「ジョニー」を４回繰り返して同じフレーズを反復するオスティナート，そして，２つのパートに分かれて，ずれて重ねるカノンの経験を行ったのである。

表3-3　「変拍子のリズム・フレーズを作る」

1．手拍子と胸打ちで（♩♫）という3拍子を作り，そこに膝打ちを加えて（♩♩♫）という5拍子のリズム・パターンを作る。

2．1で作ったリズムを変化させて（♩♫）という2拍子と，（♩♫♫）という3拍子のリズム・パターンを作る。

3．上記に記した2拍と3拍のリズム・パターンを繋いで（♩♫♩♫♫）という変拍子のリズム・フレーズを作る。

4．3のリズム・フレーズに2拍のリズムを加えて，（♩♫♩♫♫♩♫）というフレーズを作る。

5．手拍子，胸打ち，膝打ち，足拍子で（♩♫♫♩）という4拍子のリズム・パターンを作る。

6．3のリズム・パターンと5のリズム・パターンを繋いで，変拍子のリズム・フレーズ（楽譜2）を作る。

楽譜2　♩♫♩♫♫♩♫♫

♩ 手拍子　　♩ 左右の胸打ち
♩ 左右のひざ打ち　♩ 足拍子

（3）展開B

　この段階では，指導者の動作の模倣で変拍子のリズム・フレーズの作り方を学んだ。前回までのように構成要素の側面から変拍子の経験を深めるのではなく，拡げる経験を行ったと言える。実際の活動を表3-3として記す。

　変拍子のリズム・フレーズを作る活動は次のように発展したと言える。

　《リズム》については，リズム・パターンを作るための基本動作を経験することから始まって，基本動作を使って単純なリズム・パターンを作る，更にそれまでに作ったリズム・パターンを繋いでリズム・フレーズを作る，という順序で発展した。

　具体的に見てみよう。

　最初は手拍子，左右の胸打ち，左右の膝打ちという動作を1拍ずつ等拍で打って，基本動作の習得を行った。次にそのリズムを変化させて，2拍子や3拍子の単純なリズム・パターンを作った。更にこれまでに作った2拍，3拍，4拍という異なる拍のリズム・パターンを繋いで，変拍子のリズム・フレーズを作ったのである。

　《音色》については，身体から出る音色の経験を行った。

　《旋律》については経験を行っていない。

　《速度》については，規則性のある速度の経験を行っている。

　《テクスチュア》については，身体楽器を一斉に鳴らす経験を行っている。

　《ダイナミックス》については，身体楽器の鳴らす部位によって音量が異なる経験を行った。

　《形式》については模倣の経験を行った。

（4）総合

　この段階では，展開Aと展開Bで作った異なる2つのリズム・フレーズを重ねて，手拍子と足拍子と身体の動きを媒体とした，ポリリズムによるアンサンブルを行った。ポリリズムとは異なるリズム・パターンが同時に起こるリズムを言う。実際の活動を表3-4として記す。

表3-4　「変拍子のリズム・アンサンブル」

1．展開A（楽譜1）の最後の足拍子で跳びながら120度回転する。このフレーズを3回繰り返す。
2．展開B（楽譜2）の最後の足拍子で跳びながら90度回転する。このフレーズを4回繰り返す。
3．円を作る。2つのパートに分かれて，1と2で作ったフレーズを同時に行い，音と動きのアンサンブルに仕上げる。

　《リズム》《音色》《旋律》《速度》については，これまでの活動の経験と変更はない。

　《テクスチュア》については，異なるリズム・フレーズを重ねるポリリズ

ムの経験を行った。

　《ダイナミックス》については，斉奏とアンサンブルという演奏形態によって大きさが異なる経験を行った。

　《形式》については，同じリズム・フレーズを繰り返すオスティナートや2重奏等のアンサンブルの経験を行った。

まとめ

　導入から総合までの経験内容の発展性についてまとめてみる。

　それは，易しいことから複雑なことへ，また，音楽の小さな単位の経験からカノンやアンサンブルで作品を作るという経験まで発展した。

　音楽の構成要素については，《リズム》は遊びに連動したリズムから，単純拍子（4拍子）へ，更に変拍子まで，《音色》は音具の音色から人の声の音色へ，更に身体楽器の音色へ，《旋律》はとなえうたにある言葉の抑揚を経験した。《速度》は遊びに連動した速度から規則性のある速度へという順で経験した。《テクスチュア》と《ダイナミックス》は，曲構成と表現形態の両者から，重なりや強弱を拡大させていった。実際には，独唱（奏）から始まって，次に1つのフレーズを役割分担する，更にカノンへ，また更にアンサンブルへと，或いは，指遊びから出発して，そこに身体楽器を加える，更に身体の動きを付ける，という形で拡大していったのである。《形式》はリズム・パターンから出発してリズム・フレーズへ，また，模倣から出発してオスティナートやカノンへ，更にアンサンブルまで経験した。

　また，活動では音楽の構成要素の側面から経験内容を深めていくだけではなく，変拍子のフレーズの作り方を学ぶという形で，経験内容を拡大する経験も行ったのである。

第3節　認識の成立

　上記の（1）から（4）までの活動において，子どもの認識はどのように成立したのであろうか。

　子ども（参加者）は，1．最初，音や音楽の世界に働きかけた。2．そこで，対象の持つ構造を音楽の小さな単位や易しいことから自分の中に取り込んでいった。3．更に，対象に働きかけ働き返されるという表現の相互作用の中で，曲の全体的な構造を知覚し，そこで生み出される雰囲気や感情を感受した。4．その結果，外界に音楽と動きの表現が生み出され，子どもは内面の成長と音楽的成長を遂げたと言える。

　このことについて各段階に即して見ていく。

　（1）導入では子どもは，1．最初ボールを使って遊んだ。そこには主にリズムという音楽的な要素があった。2．次に，4拍子のはなうたに合わせてボールを突いたり，変拍子のかぞえうたに合わせて膝打ちを行ったりした。このような活動を通して，4拍のまとまりやかぞえうたを構成している小さなまとまり（8拍や7拍や6拍）に気付いた。3．更に，かぞえうたに働き掛け，働き返されるという表現の相互作用の中で，変拍子の構造を知覚すると共に，これらの拍子が持つ独特の動きや面白さを感じ取った（感受した）。4．更に，知覚・感受したことを生かして表現したと考えられる。ここでは知覚・感受する身体から表現する身体への発展が見られたのである。

　（2）展開Aでは子どもは，1．変拍子のリズム・フレーズ《ジョニー》を歌い指遊びを行っている。2．次の段階になると，拍子の変わり目で足拍子を入れている。そこに5拍，2拍，5拍の小さなまとまりが生まれていることに気付いた。3．更に，手拍子と足拍子を使って繰返し《ジョニー》を演奏している。そこで《ジョニー》のうたが2拍と5拍と2拍が繋がって出来ていることに気付き，そこで生み出される独特の雰囲気や動きの面白さを

感じ取った。更に，２つのグループに分かれてずれて重ねて動いて，カノン形式やそこで生み出される音の厚みや動きのずれの面白さを知覚・感受した。４．更に，繰返し表現を行った結果，そこに音楽と動きの作品が生み出されたと言える。

（３）展開Ｂでは，指導者の動作の模倣で変拍子のリズム・フレーズの作り方を学んだ。この活動でも，基本動作の習得から始まって，リズム・パターンやそれらを繋いだリズム・フレーズへ，更に拍の流れに乗って表現するまで活動を拡げ，そこで，変拍子の知覚・感受を行ったと言える。

（４）総合では，それまでに作った異なる２つのフレーズＡ（12拍）とＢ（９拍）を重ねて，身体楽器と動きによるアンサンブルを行った。それはまた，アフリカの民族音楽に多く見られる，異なるリズムパターンの組み合わせが同時に起こるポリリズム（複合リズム）を経験することでもあった。子どもは，Ａのフレーズでは120度ずつ３回転し，Ｂのフレーズでは90度ずつ４回転する動きで円を描いた。一見ばらばらのリズムを打っているようであるが，実は36拍目で両者のリズムが揃う（円になる）ことを視覚や聴覚を通して気付くと共に，そこで生み出される統一感のある面白さを感受したと考えられる。

第４節　音楽経験の構造

子どもの音楽経験はいかに組織されたのであろうか。つまり，音楽経験と認識能力の発達過程の２つの側面を重ね合わせて見たとき，いかに方法化されたのであろうか。

第１点として，音楽経験の内容をスパイラル状（螺旋型）に上昇方向で拡げ深める形で組織したということがある。

事例では，導入，展開，総合のどの段階においても，活動は単純で簡単な内容から出発し，徐々に動作を増加させたり，作品の形を大きくしたりし

て，変拍子の知覚・感受や表現力の強化を確かなものにしていったのである。

　また，認識発達の順序はどの段階でも，１．音や音楽の世界に働きかける，２．音楽の小さな単位の知覚，３．音楽の全体像の知覚と感受，４．表現という過程であった。特に，導入から展開までの活動では拡げ深める方向で経験が組織されたが，総合では表現することに重点が置かれていた。

　第２点として，子どもの音楽経験は，身体活動を通して行動的かつ映像的に把握できるように組織されていたことがある。

　「ジョニー」のフレーズを例にとって見てみよう。

　行動的把握については，手拍子と足拍子と動きを通して「ジョニー」を行ってみることで，フレーズの構造やそこで生み出される雰囲気や感情を感受したのである。

　映像的把握については，フレーズの拍子の変わり目で足拍子を入れることで，拍の小さなまとまりが生まれていることや，２つのグループに分かれてずれて重ねる動きを行うことで，カノン形式を視覚的に理解させたのである。

　第３点として，最初は直感的に，次に分析的に把握させたことがある。

　活動では最初，指導者は対象となるフレーズを子どもに見せたり聞かせたりして，直観的に把握させた。その後，自分の身体を媒体として行動させて，対象の持つ構造やイメージを分析的に把握させていったのである。

第５節　結論

　「身体楽器アンサンブル」の活動では，変拍子の概念を学ぶことが課題であった。概念とは変拍子を構成する要素やこれらを経験した後に残っているイメージ等の経験である。

　その経験は易しいことから複雑なことへ，また，音楽の小さな単位からカ

ノンやアンサンブルによる作品づくりまで発展した。

　そこで子どもは対象の持つ構造を自分の身体を媒体として，①音の存在に気づく，②小さな単位の知覚，③全体像の知覚（音楽の構成要素）と感受（イメージや雰囲気），④表現という道筋で認識していった。

　全体を通して見た場合，音楽経験はスパイラル状に上昇方向で拡げ深める形で組織されていた。ここでは学習対象を身体を通して行動的且つ映像的に，また，最初は直観的に次に分析的に把握させていったと言える。

注

(1) 身体楽器アンサンブルの授業は，1996年11月にオルフ研究所で日本人を対象としたセミナーが開催され，そこで誉田真理（Honda Mari）先生によって行われたものである。日時は11月26日 AM. 8：30-AM. 10：00までである。場所はオルフ研究所の講義室が使われた。

余録　「子どもシアター」の実践

　「子どもシアター」の活動が，1996年11月28日の16時00分から17時30分まで，オルフ研究所に通う小学校低学年から中学年程度までの子ども10名を対象として，練習室で行われた。指導者は研究所の教員である[1]。オルフ教育の一面が見える興味深い実践であるので，筆者が観察して筆録したものを紹介しておく。

　この活動は，（1）準備，（2）予備《音を生ける》，（3）テーマ《音楽と動き—絵本を表現する—》という3つの部分で構成された。

　順番に活動内容を紹介し，その活動において何が課題にされたのかを検討していく。

（1）準備

　子ども10名が床に座ったり寝そべったりしている。教師は注意することもなくにこやかに「外国からお客様が来たよ」と子ども達に話し掛けている。子ども達は興味芯々で客を見渡し，口々に「中国？」「スペイン？」「日本？」と叫んでいる。指導者が「その国の言葉で挨拶しよう」と言うと，彼等は思いおもいに「ニーハオ」「こんにちは」と挨拶している。

　以上の活動の様子を表3-5として記す。

表 3-5

教　師：外国からお客様が来たよ。
子ども：中国？　スペイン？　日本？
教　師：その国の言葉で挨拶しよう。
子ども：ニーハオ。こんにちは。

　ここでは今，生じている状況の中で，スムーズに音楽活動に入っていく準備として，先ずは子ども達の心身の解放を行っている。実際には外国からの

客を迎え，その国の文化や言葉に関心を持ってコミュニケーションを交わすことが課題にされたと考えられる。

（2）予備《音を生ける》

　次に，教師は楽器で子ども達を遊ばせている。楽器としてカバサ（南米の打楽器），カリンバ（フィンガー・ピアノ），レインスティック，バウズ・プサルトリ（Bowes Psaltery 西アジアの弦楽器），そろばん，オカリナ，ハンドドラム等が子どもの手の届くところに用意されている。子ども達は楽器を叩いたり，吹いたり，弾いたり，振ったりして遊んでいる。

　その後，教師は「日本の生け花」について説明を行い，「音を生ける」活動をしようと呼びかけている。

　そこで，子ども達が気に入った楽器を選択して様々に音を鳴らしていると，教師はその中から1人の子どもを指揮者として選んだ。彼の役割は友達が鳴らす音の中から3種類の音色を選択し，「音を生ける」ことである。

　指揮者は楽器を鳴らす仲間の周囲を歩き（子ども達は円になっている），音色に耳を澄ませ，「レインスティックとカリンバの組み合わせはどんな感じかな？」と試したり，「そろばんはもう少し大きな音で鳴らして」と注文を付けたりして，3種類の音色で音を生けていた。

　以上の活動を表3-6として記す。

表 3-6

教　師：楽器で遊ぼう。
子ども：自由に楽器を鳴らす。
教　師：日本の生け花について説明する。 　　　　音を生けることを提案する。
子ども：楽器を選択し，様々に音を鳴らす。
教　師：指揮者役の子どもを選ぶ。
子ども：円になって，各自，楽器を鳴らす。 　　　　指揮者は耳を澄ませ，音色の組み合 　　　　わせを試し，強弱を工夫して3種類

> の音色で音を生ける。

　最初，子ども達は《音を生ける》準備として，楽器で「どんなことができるのか」「どんな音色が出るのか」と鳴らし方や音色の探求を行った。その後，《音を生ける》活動に進んだのであるが，ここでは聞くことの意識化や，音色の重なり（テクスチュア）や強弱（ダイナミックス）という諸要素が生み出す雰囲気や感覚を感じ取ることや，そこで知覚・感受したことを生かして3種類の音色を組み合わせて「音を生ける（小さな音楽を作る）」ことが課題にされたと言える。

（3）テーマ《音楽と動き―絵本を表現する―》

　テーマの活動は，絵本『鳥の島』[2]を音楽と動きで表現することである。最初，教師は子ども達に絵本を読んで聞かせた。1頁ずつ日本語とドイツ語で読み聞かせている。子ども達は絵本に見入っていた。

　次に，子ども達は音楽と動きに役割分担して演じた。教師は音グループの子どもに，レインスティックで「波」の音を作る見本を見せた。その後は子ども達6人だけで，レインスティックと新たな楽器を加えて「波」の音づくりを行った。一方のグループの子ども達は「鳥」の役割を受け持って動きづくりを行った。

　演じる場面になると，音グループは大海原を演出し，鳥グループは絵本のストーリーに沿うように，1羽ずつ飛び立って折り重なるように波間に沈んでいった。最後の鳥を演じる子どもは大きな布を持って飛び立った。そして，波間に沈んでいる仲間に布を被せたのである。そこに鳥の島が現れた。「海がゆれ大なみが島によせ」「島がくだけ」「次から次へと鳥がすがたをあらわし（た）」というクライマックスでは，鳥達は勢いよく舞い上がり，一方，音グループは波の音に交じって岩が砕ける大音響を鳴らす等して，音と動きが相互に刺激し合って「鳥の島」を演じていた。

　筆者はまるで子どもミュージカルを鑑賞しているような気分で，このシアターを楽しんだのである。

　以上の活動の様子を表3-7として記す。

表 3-7

教　師：絵本の読み聞かせ。
（日本語とドイツ語で）
子ども：絵本に見入っている。
教　師：波の音の作り方の見本を見せる。
子ども：音づくりと動きづくり。
子ども：音と動きで演じる。

　絵本の読み聞かせでは，言葉を意味・内容に作用するものとして，また，リズムや抑揚を持つ音声・音響として作用するものとして扱っている。絵本の内容を理解させるだけではなく，母国語ではない日本語の響きや抑揚の面白さに気付くことが期待されたと言えよう。

　そして，演じる活動では，表現性のある音や動きを生み出すことが課題にされた。具体的には，表現したいものと関わって子ども達にイメージが起こり，そのイメージが構成要素（ダイナミックスや音色）の使用に繋がることや，イメージが表現性豊かな動き（緩やか。激しい。リズミカル等）を生み出すことや，更には音同士，動き同士，そして，音と動きが相互に刺激し合って，イメージ性のある表現を生み出すことが求められていたと考えられるのである。

注
(1)　指導教員の名前は未確認である。
(2)　川端誠『鳥の島』1992　リブロポート

第Ⅱ部　知的障害のある青年達の言葉・動き・音楽による表現

　第Ⅱ部では，知的障害のある青年達が言葉や動きや音を媒体として音楽に関わっていく様々な姿を，曲づくり・動きづくりの諸事例の観察を通して紹介する。実際には，動きづくりに見られる曲認識の過程，曲づくりに見られる「音楽の生成」の様相，言葉・動き・音の表現媒体の結合に見られる音楽的発達の様相，について考察する。

　この実践では青年達の内にある表現を引き出すために，オルフの音楽教育のアプローチを参考にした。特に，次の1）から3）までに記す方法を取り入れ，筆者独自の自由な曲づくりと動きづくりを構想し青年達に実践した。

オルフのアプローチ

1）言葉と動きと音楽を一体とした表現を扱う

　表現手段を音楽に限定しないことは，興味関心が様々な青年達に対応できる利点がある。また，他媒体の一体化した表現が知的障害のある青年達の自然な（発達段階に即した）姿でもあると言える。

2）即興表現を重視する

　子どもが即興で音を鳴らし歌い踊るというオルフの活動は，筆者が考えている曲づくりや動きづくりに相当する。即興にすることで青年達は音楽や踊りの技能的な側面から解放されて自己を発揮しやすいし，自身の内面と表現（現れ出た作品）との相互作用も成立させやすいと考えた。

3）普段の遊びから音楽活動を出発させる

　遊び（絵本や詩で遊ぶ等）から活動を出発させることによって，学校の授業

という抵抗から解放されるであろうし，遊びの中にある動きやリズムが音楽的なものへと発展していく過程が見えると考えた。

第4章　動きづくりに見られる曲認識の過程
──「《エアスコ・コロー》の曲に動きを作ろう」の事例分析──

はじめに

　今から20年程前から約8年間，筆者は勤務していたある大学の附属養護学校で，筆者独自の自由な曲づくりや歌づくりの授業を構想し，知的障害のある青年達に実践していた。そこで印象深かったのは，成果としての作品があっと驚くような意外性や素朴さを併せ持っていることであった。青年達は何のためらいもなく，自らの声や身体の動きを介在させて音楽作品を生み出してきた。そこでは表現媒体としての言葉（音声・音響としての言葉。意味・内容を表す言葉）が音楽と密接に関わって，曲を生み出していく過程が見えてきた。

　一方，動きについては身体を動かしてリズムを捉える等，対象を捉えるための媒体として機能する姿が認められたが，言葉で示されたほどの音楽との関連性は見えてこなかった[1]。

　健常な子どもの場合，曲に合わせて身体を動かして，そこで曲の構造や特徴に気付き，曲認識を深める実践はよく行われるが，知的障害のある青年達の場合も同様に，身体の動きはリズムを認識する媒体としての他に，音楽，特に曲認識と関わって何か作用を及ぼすのであろうかというような疑問が湧いてきた。

　そのことを受けて本論の研究目的を，知的障害のある青年達は身体の動きを通していかに曲を認識していくのか，またそこでどのような動きを生み出すのか，について明らかにすることに置く。特に，青年達の感覚，イメー

ジ，感情という内面の働きを通して見ていきたい。

　研究方法は授業分析である。

　分析対象として1998年２月から３月まで計５回行った，「フォークダンス曲《エアスコ・コロー》に動きを作ろう」という実践記録を資料として用いる。この活動には16歳から18歳までの中・軽度知的障害を持つ男女10名の青年達が参加している。その中から，曲へのアプローチの仕方が異なる２人の青年を抽出する。曲の根底に流れるビートを全身に受けて活動を展開した耕治（名前は仮名）と，曲の部分間の違いを記号的に動作に置き換えていった祐子（名前は仮名）である。彼ら各自の動きづくりの特徴的な点を記述し，その記述を基に，彼等は曲の構成要素とそれらが絡み合って生み出される曲のイメージや雰囲気をいかに把握し，その知覚・感受したこと（気付き感じ取る）をどのような動きに反映させて表したのか，という視点から分析する。

　事例の分析にあたって，1）各自のプロフィールを新版 S-M 社会生活能力検査の結果と筆者の観察を通して記す，2）青年達の会話はすべて音声として受け止め平仮名と片仮名で記す，3）青年達の名前は仮名とする。

第１節　動きづくりの概要

１．動きづくりの概要

　本実践は《エアスコ・コロー》の曲に合わせて自由に体を動かし，即興でまとまりのある動きの作品に仕上げていく活動である。仲良しの２名から３名程度でグループを組み，そこで１つの作品を作ることにした。

　授業は1998年２月９日（第１時），２月16日（第２時），２月23日（第３時），２月25日（第４時），３月２日（第５時），３月４日（第６時）に計６回行った。１回の活動時間は30分程度である。

　活動の展開は次の通りである。

　第１時から第３時までの前半15分は一斉授業を行った。ここでは教師が青

年達をリードして一緒に曲に合わせて動いた。青年達に「自由に動いてみよう」と言っても，彼等はどう動けばよいのか困惑すると考えられたからである。教師は全員で円を作らせ曲に合わせて自由に身体を動かすように指示し，そこで活発に動いている青年の動作を取りあげて，「耕治君の動きの真似をしてみよう」等と声を掛けた。仲間の動きの模倣から活動を出発させ，青年達の動きのパターンを拡げさせることに努めたのである。

　第1時後半ではグループづくりを行った。自発的にグループを作ることができる青年は自分達で，それが難しい青年については教師がサポートした。その結果，耕治グループ（3名），祐子グループ（2名）等，4グループに分かれた。

　第2時後半と第3時後半の15分間と，第4時から第6時までの30分間はグループで動きづくりを行った。

　活動は音楽室（兼サロン）を使用した。授業は筆者が中心になって行い，他に養護学校の教員2名が青年達の指導に付いた。筆者は「○○な風に動きましょう」等という表現に関する指示は一切行わず，青年達がやりたいよう

表4-1　活動の展開

活動時間	活　動　内　容
第1時	1．全員で活動 　円になり教師のリードで仲間の動きの模倣（第1時から第3時まで）。 2．グループづくり
第2時と 第3時	1．全員で活動 　　第1時に同じ。 2．動きづくり 　ア．グループに分かれて動きづくりをする。 　イ．発表する。 　　1）グループで動く。 　　2）表したことを言葉や動作等で説明する。 　ウ．友達の感想を聞く。
第4時か ら第6時	1．　動きづくり

にさせ，彼らが出してくる表現はすべて肯定的に受け入れた。

　また，毎回，発表して互いの作品を鑑賞し合った。発表終了後，「どんな動きをしたの？」「どんなことに気を付けたの？」と質問して，自分達が身体の動きで試みたことを意識化させた。

　活動の展開を73頁に表 4-1 として記す。

２.《エアスコ・コロー》

　《エアスコ・コロー》の曲はユーゴスラビア[2]のフォークダンス曲である。4 分の 4 拍子，長調，A（AA'）B（BB'）形式，A の部分は allegro（アレグロ　速く），B の部分は vivace（ヴィヴァーチェ　活発に速く），A と B の部分はそれぞれ 8 小節からなり AABB という形式で演奏される。

　この曲を選択した理由は，フォークダンス曲なので身体の動きが引き出し易く，また，1 曲が短く構成が簡単で，歌詞も付いていないので言葉のイメージに左右されず動作を作ることができると考えたからである。

第 2 節　動きづくりの諸事例

　青年達は身体の動きを通して，《エアスコ・コロー》の曲のどのような要素を捉え，どのような身体の動きで反応したのであろうか。

　以下に，（1）耕治と（2）祐子の動きづくりを見ていく。

（1）耕治の事例

　耕治は高等部 1 年生（16歳）である。新版 S-M 社会生活能力検査によると，社会生活年齢は小学校低学年程度である。ダウン症候群による知的障害の他に目立った障害はない。普段から音楽に合わせて体を動かしたり，楽器を鳴らしたりすることが好きな青年である。

動きづくりの展開と分析

　耕治の動きづくりの全体像を観察を通して眺めてみると，①曲の基本的な仕組みを捉え，基本的な動きで表す，②曲を構成する小さな単位を捉え，独自の動きで表す，③曲のフレーズを捉え，イメージ性のある動きで表す，④フレーズを統合した曲の全体像を捉え，躍動的な動きで表す，という 4 段階で展開している可能性がある。

　このプロセスに即して耕治の動きづくりを説明する。

①曲の基本的な仕組みを捉え，基本的な動きで表す

　耕治は自発的に仲間を作ろうとしなかったので，教師が同じクラスの義男とグループを組ませた。しかし，2 人が協同で作品を作ることは難しく，ただ，場を共有してそれぞれがやりたいように動いているという状態であった。それは活動の最後まで変化することはなかった。

　この段階の特徴的なこととして，曲を鑑賞するだけでは対象に興味を持つことはなかったが，曲に合わせて身体を動かし始めると，対象となる曲の基本的な仕組みや，曲から醸し出される全体的な雰囲気を直感的に捉え，基本的な動作で表したことがある。

　事例に即して見てみよう。

　曲を鑑賞した後，教師が耕治に「どんな感じの曲だった？」と質問しても何も応えなかった。また，全員で曲に合わせて身体を動かしていても参加せず，1 人，床に寝転がっていた。そこで教師が動きの輪の中に誘うと後ればせながら仲間と一緒に活動を始めた。最初は，曲の拍の流れに乗って走ったり跳んだり滑ったりしていたが，身体を動かしているうちに，曲の A の部分（allegro）とその繰り返し，B の部分（vivace）とその繰返し，という大きな区切りを感じるあたりで方向転換するようになった。

　活動終了後，教師が「どんな動きをしたの？」と尋ねると，耕治は自分の動きを振り返って，「おんがくをかけてもらっておどれてうまかった」，と全

般的な感想を述べた（第1時から第2時まで）。

　この段階の展開を表4-2として記す。

表4-2　動きづくりの展開

曲認識	曲の構成要素	身体の動き
直感的	拍の流れ Aの部分とその繰り返し。Bの部分とその繰り返し	走る。跳ぶ。滑る 方向転換

②曲を構成する小さな単位を捉え，独自の動きで表す

　この段階の特徴的なこととして，身体を動かしてフレーズを構成する小さな単位や細かいリズムを捉え，独特の手足の動かし方によって表したことがある。

　活動では，耕治はA（AA' allegro）の部分では，最初は2拍を単位として片足で跳びながらもう一方の足を前後に振っていた。しかし，身体を動かしているうちに4小節のまとまり（フレーズ）を捉えるようになり，4小節の区切りを感じるあたりで左右逆に動くようになった。最初の4小節（Aのフレーズ）は左足で跳び，次の4小節（A'のフレーズ）は右足に替えて跳んだのである。

　この動作は以後，2拍を単位として右手右足を同時に前方に出し，次の2拍で同時に後方に引く動作に変更された。しかし，動き始めるのが遅れて2拍目（弱拍）から手足を前方に出すため，4拍子の曲としては弱拍と強拍が逆になり，見ている者には違和感があった。

　更に動いているうちに（♫♩♩）という8分音符と4分音符からなるリズムを捉え，肘や腰でこの細かいリズムを刻むようになった。

　次に，B（BB' vicace）の部分でも，4小節のフレーズを捉えてひとまとめとして走り，区切りを感じるあたりで方向転換した。また，2小節のまとまりを捉えると，その場でステップを踏みながら揺れたり（以後，この動作が定着），2小節の区切りを感じるあたりで左右逆に揺れたりしたのである。

　活動終了後，自分の動きを振り返って「こうじくんのきぶんでおどりました」と感想を述べている（第3時）。

　この段階の展開を表4-3として記す。

表4-3　動きづくりの展開

曲認識	曲の構成要素	身体の動き
分析的	4小節のフレーズ（AA'） 4分音符と8分音符 4小節のフレーズ（BB'） 2小節	（A）左足で跳び，（A'）右足で跳ぶ 2拍を単位に右手右足を同時に前方に出す。次の2拍で後方に引く（弱拍と強拍が逆） 肘や腰でリズムを刻む 走る。区切りで方向転換 ステップを踏みながら揺れる。2小節の区切りで左右逆に揺れる 基本的動作のバリエーション

　以上，身体を動かして，曲を構成する4小節や2小節や，4分音符と8分音符からなるリズムという小さな単位を分析的に知覚し，そこから生み出される曲の雰囲気や「きぶん」を感じ取って，ステップを踏みながら揺れる等の，基本的動作に変化を付けた独自の動きを生み出したと言える。

③曲のフレーズを捉え，イメージ性のある動きで表す

　特徴的なこととして，フレーズのまとまりをイメージ性のある身体の動きで表したことがある。

　耕治のA（AA'）の部分の動作に変更はないが（2拍を単位として前後にステップを踏む），A（4小節）とA'（4小節）それぞれのフレーズをひとまとめとして，剽軽な仕草で動くようになった。曲に合わせて身体を動かすことが楽しくて堪らない様子で，満面に笑みを浮かべ戯けて踊っている。

　B（BB'）の部分でもBとB'の各フレーズをひとまとめとして，陶酔したように軽やかに揺れていた。まるで布を舞い上げるような手首の動きを付けたり，斜に伸び上がるような手足の動きを行って2小節の区切りを付けたので，動きの流れが途切れなくなった。前回までの方向転換や左右逆の動作で

区切りを付けるやり方より，滑らかな動きとなっている。

　また，４拍子の感覚も捉えるようになった。前回までは２拍目から手足を前方に出していたが，違和感を覚えたのか曲の途中でステップを調整し，強拍（１拍目）から出発するようになったのである。

　耕治は活動を振り返って，「てとあしをいっしょにだしました（言葉で説明するのではなく動作で示す）」と説明した（第４時）。

　この段階の展開を表4-4として記す。

表4-4　動きづくのり展開

曲認識	曲の構成要素	身体の動き
分析的	４小節のフレーズ（AA'） ４拍子 B（BB'），２小節	２拍を単位として前後にステップ フレーズをひとまとめ。飄軽な仕草 強拍と弱拍を調整 軽やかに揺れる。手首（布を舞い上げる） の動きや斜めに伸び上がる動き

　以上，この段階では身体を動かしてフレーズ（４小節や２小節）や４拍子という曲の構成要素を捉えた。同時に，これらの要素と要素が関連する姿や，そこから生み出される曲の雰囲気や気分という表現的特質を掴んだ。そのことによって飄軽で軽妙な表情を持つイメージ性のある動きが生まれてきたと考えられる。

④フレーズを統合した曲の全体像を捉え，躍動的な動きで表す

　特徴的なこととして，全体像を把握して動いたことがある。耕治はAとAの繰り返しがあることに気付くと，新たにAの動作とは異なるA'の動きを作り，１曲をA，A'，B，Bという形態で動いたのである。Aのフレーズでは拍に乗って前後にステップを踏み，A'のフレーズでは２拍のリズムに乗って，両手をお腹の前で開き片足を後方に引く動作を付けて動いた。

　更に注目すべきこととして，躍動的な動きが表れてきたことがある。全身の動きに加えて要所で身体の部分的な動きをアドリブで挿入して陶酔したよ

うに踊ったのである。

　耕治は満面に笑みを浮かべ，Aのフレーズでは戯けてピエロのように，A'
のフレーズではお腹の前で両手を開いて盆踊りのように，Bの部分ではフラ
メンコのように踊った。それは曲と身体の動きが融合していて，また，そ
の，動き方も独特で誰も真似できるようなものではなかった。まるで自分の
生命に巡り合ったかのように踊る姿を見て，彼は「今，ここに生きている」
という喜びを全身で表しているように感じられた。

　活動終了後，耕治は「ぴえろのように。ふらめんこのように」踊ったと動
作で説明した（第5時から第6時まで）。

　この段階の展開を表4-5として記す。

表4-5　動きづくりの展開

曲認識	曲の構成要素	身体の動き
分析的	A, A', B, Bの曲構造	両手をお腹の前で開き片足を後方に引く。アドリブ的な動き。ピエロのように戯けて。盆踊りのように。フラメンコのように 自分の生命に巡り合ったような踊り

動きづくりを行う耕治

曲の気分を感じ取って動く

　この段階では A，A'，B，B というフレーズ間の繋がりを付けた点で，曲の全体像が見渡せるようになったと言える。また，曲の全体像や曲の構成要素が関連することにより生み出される表現的特質も捉えた。そのことによって耕治の生命の姿とでも言える躍動的な動きが生み出されたと考えられる。

（2）祐子の事例

　祐子は高等部２年生（17歳）である。新版 S-M 社会生活能力検査によると，社会生活年齢は小学校中学年程度である。知的障害の他に目立った障害はない。普段から歌ったり楽器を鳴らしたりすることが好きな青年である。

動きづくりの展開と分析

　祐子の動きづくりの全体像を観察を通して眺めて見ると，①曲の基本的な仕組みを捉え，基本的な動きで表す，②曲を構成する小さな単位を捉え，独自の動きで表す，③曲を構成する小さな単位を捉え，イメージ性のある動きで表す，という３段階で展開している可能性がある。

　このプロセスに即して祐子の動きづくりを説明していく。

①曲の基本的な仕組みを捉え，基本的な動きで表す

　祐子は仲良しの明子と自発的にグループを組んだ。彼女らは活動の最初から最後まで，言葉を使って相談することはなかったが，互いの動き方を見たり目配せをしたりしてコミュニケーションを取り，動きづくりを行っていた。

　この段階の特徴的なこととして，音楽を聴いたり身体の動きを通して対象となる曲を直感的に捉えたことがある。

　実践に即して説明する。

　曲を鑑賞した後，教師が祐子に「どんな曲だった？」と質問すると，「きれいなきょく。たのしいきょく」，と曲の全体的な雰囲気を捉えて応えた。また，教師の動き（曲に合わせて身体を左右に揺らす）を模倣して動いた後は，「はやいところとおそいところがある。ぱっぱかぱっぱかというきょく」，と速度や曲表情の側面から感想を述べた（第1時）。

　更に，曲の基本的な仕組みを記号的に捉え，基本的な動作に置き換えていった。

　祐子は最初，Aの部分（allegro）やBの部分（vivace）では，拍の流れに乗って歩いたり走ったりしていたが，身体を動かしているうちに，Aの部分とその繰り返し，Bの部分とその繰り返し，という曲の大きな区切りを捉えるようになった。そして，最初のAの部分では走る，Aの繰り返しでは跳ぶ，Bの部分では歩く，というように捉えたまとまりを基本的な動作に置き換えていったのである。

　更に動いているうちに，基本的な動作のいくつかのパターン（バリエーション）を生み出すようになった。歩く動作では前方に歩く，後ろ向きに歩く，横歩きをする，足を交差させて歩く，という変化を付けていったのである（第1時と第2時）。

　この段階の展開を次頁に表4-6として記す。

表4-6　動きづくのり展開

曲認識	曲の構成要素	身体の動き
直感的	拍の流れ Ａの部分とその繰り返し。Ｂの部分とその繰り返し	歩く。走る 歩く。走る。跳ぶ 基本的動作のバリエーション

　以上，祐子は直感的に拍の流れや，各部分とその繰り返しという曲を構成する基本的な仕組みや，曲から醸し出される全体的な雰囲気を捉えた。そして，その知覚・感受（気付き感じた）したことを，走る，跳ぶ，歩くという基本的な動作とその変化型で表したと言える。

②曲を構成する小さな単位を捉え，独自の動きで表す

　特徴的なこととして，曲を構成する小さな単位を分析的に捉え，独自の動きで表したことがある。

　活動では，祐子は曲に合わせて身体を動かしているうちに4小節のまとまり（AA'）を捉えた。そして，Ａのフレーズでは胸の前で両手を広げ，拍の流れに乗ってリズミカルにその両手を左右に振る動作を行った。A'のフレーズではその動きに腰を揺らせる動作を付け加えた。更に，Ａのフレーズでは片足で跳びながらもう一方の足を前後に振り，A'のフレーズでは手で足先をタッチしながら跳ぶ動きを行った。

　更に2小節のまとまりを捉えると，最初の2小節はリズムに乗って上下に両足跳びを行い，次の2小節はそこに膝打ちを加えながら跳んだ。また，最初の6小節は上下に両足跳びを行い，終止感のある最後の2小節では左右に跳ぶ動作を行ったのである。

　また更に，Ａのフレーズの終止を捉えると，最終音でパチンと1つ手拍子を打った。活動終了後，教師が「どんな動きを作ったの？」と質問すると「すてっぷやぽーずをかんがえました」，と自分が作った動きの説明を行った（第3時）。

この段階の展開を表4-7として記す。

表 4-7 動きづくのり展開

曲認識	曲の構成要素	身体の動き
分析的	4小節	両手をリズミカルに左右に振る。腰を揺らせる。片足跳びや手で足先をタッチしながら跳ぶ
	2小節。6小節	上下に両足跳び。膝打ちしながら跳ぶ
	終止	最終音で手拍子

　以上，身体を動かして，曲を構成する4小節のフレーズや，2小節のまとまりという小さな単位や，終止や，拍の流れ（リズム）という構成要素と，これらの諸要素が関連する姿や，そこから生み出される曲の雰囲気や気分を知覚・感受した。そのことによって基本的動作にバリエーションを付けた，祐子独自の動きを生み出したと言える。

③曲を構成する小さな単位を捉え，イメージ性のある動きで表す

　特徴的なこととして，更に細かいリズムを捉えて，イメージ性のある動きで表したことがある。

　彼女はこれまでは2拍を単位としてステップを踏んでいたが，新たに（♪♪♪♪）という8分音符のリズムを捉えると，このリズムに合わせてステップを踏んだ。また，両手の人指し指を立て腰を振りながらリズミカルに動いたり，どん，どん，どんと足音を響かせて巨人のように歩いたり，蝶々のように「てをひらひらさせました」，「はやあるき（速歩き）をしました」という動きを行った。

　活動終了後，自分が行った動きを振り返り「ゆびのうごき。あしのうごき（を作りました）」と説明した。（4時から6時まで）

　この段階の展開を85頁に表4-8として記す。

前方に歩く

足先をタッチしながら踊る

ポーズを考える

表4-8　動きづくのり展開

曲認識	曲の構成要素	身体の動き
分析的	8分音符	8分音符のリズムに合わせた動き。 人差し指を立て腰を振りながら動く。巨人のように歩く。 手をひらひらさせる。速歩き

　以上，この段階では更に細かいリズムや，これまでに捉えた諸要素が関連する姿やそこから生み出される曲の表現的特質を掴んだ。そのことによって巨人や蝶々等というイメージ性のある身体の動きを生み出したと言える。

第3節　考察

　知的障害のある青年達は身体の動きを通して，対象となる曲をいかに認識し，そこでどのような動きを生み出したのか，報告してきた2人の分析結果より考察する。

　1点目に，青年達は身体を動かして曲の構成的な仕組みや表現的特質を捉えたことがある。その場合，曲へのアプローチの仕方は異なり，曲の根底に脈打つビートを全身に感じ取ることから出発する青年もいれば，曲のまとまりを記号的に動作に置き換えていく青年もいた。

　そして，彼らが曲を認識する過程は，①曲の基本的な仕組みを捉え，基本的な動きで表す，②曲を構成する小さな単位を捉え，独自の動きで表す，③曲のフレーズや小さな単位を捉え，イメージ性のある動きで表す，④フレーズを統合した曲の全体像を捉え，躍動的な動きで表す，という道筋であった。

　事例では，2人は曲を鑑賞するだけで対象に関心を示したり，理解を深めたりすることは難しかったが，曲に合わせて身体を動かすことによって，耕治は④段階まで，祐子は③段階まで活動を発展させることができたのである。

　２点目に，青年達は曲の構成的仕組みを（１）先ずは直感的に，（２）次に分析的に捉えたことがある。特に曲構造とリズムと速度に反応している。

　（１）の段階では，２人は直感的に曲を構成する大きな区切りを捉えると，Ａの部分の繰り返しやＢの部分の繰り返しで，方向転換したり動作を変化させたりした。

　（２）の段階では，２人は身体を動かして，曲の構造を小さな単位からより大きなまとまりへと分析的に捉えた。その過程は，ア．先ずは曲を構成する小さな単位，イ．次に小さな単位を繋いだフレーズ，ウ．更にフレーズを統合した曲の全体像，という道筋であった。

　実践に即して見ると，アの段階では，耕治は２小節や４小節の単位を捉えると，左右逆に動いたり方向転換したりして動いた。祐子はそこで動作を変化させて，最初の４小節は左右に揺れ，次の２小節は跳び，最後の２小節は跳びながら膝打ちを行う等の動きを行ったのである。イの段階になると，耕治はＡやＢのフレーズ（４小節）をひとまとめとして動くようになった。特にＢの部分では手首の細かな動きを使って２小節の区切りを付け，小さなまとまりが集まって４小節のフレーズができている，と感じさせるような動き方を行ったのである。ウの段階では，耕治はＡの部分では新たにＡ'の動作を作りＡ，Ａ'，Ｂ，Ｂという形態で動いたのであった。フレーズ間の繋がりを付けたという意味で，曲の全体像を掴んだと考えられたのである。

　３点目に，曲の構成的仕組みを掴めば掴むほど，曲の表現的特質を捉えるようになったことがある。つまり，音楽の諸要素の知覚が進むほど，これらの諸要素が関連して生まれてくる曲の表情の感受も進み，それらが動きの形態の変化や動きの表情となって表れてきたのである。

　実践では，２人は最初は基本的な動作で表していたが，次第に基本的動作に変化を付けた独自の動きを開発するようになり，更に剽軽で軽妙な動きやイメージ性のある動きで表すようになった。特に耕治は生の喜びを全身の躍動的な動きで表すまで活動を発展させたのである。

　４点目に，身体を動かして，上記に記した曲構造の他にリズムと速度に反応したことがある。

　リズムについては，２人は最初から拍の流れに乗って動くことができた。しかし，４拍子の感覚については，耕治は動いているうちに捉えられるようになった。彼は最初，弱拍から動作を出発させていたが，違和感を感じたのか強拍（１拍目）から足や手を出すようになったのである。また，２人は活動終盤になると，４分音符や８分音符という細かいリズムに反応するようになり，それを肘の動きやステップの踏み方で表したのである。

　速度については，２人は最初からＡの部分のアレグロとＢの部分のヴィヴァーチェに合わせて動くことができた。

　以上，分析・考察してきたように，身体活動の導入は曲の認識を深めるために効果的であることが分かった。その場合，最初は曲を直感的に大まかに掴ませ，次の段階として細かい部分を分析的に捉えさせるようにする，また，動きは基本的な動作から出発させる，そして，教材については最初は構成の容易な曲から扱っていく，等の教育方法が有効であると言える。

注
(1) 拙著『知的障害のある青年達の音楽行為——曲づくり・歌づくりの事例分析による——』2011　風間書房，に基づく。
(2) 現在，ユーゴスラビアの名を冠する国家は無くなっている。

第5章　曲づくりに見られる「音楽の生成」の様相
——「『雪渡り』の詩に曲を作ろう」の事例分析——

はじめに

1．問題の所在

　音楽の表現活動においては，子どもの外側に巧みな演奏や作品が形づくられることより，表現することによって子どもの内面に成長が起こることが重要であるが，このことは知的障害のある青年達の表現活動においても同様である。

　そこで，表現することによって起こる青年の内面を捉える概念として「音楽の生成」に注目した。

　「音楽の生成」について西園芳信は次のように説明する。生成とは，「そうでなかったものになり始めること」であり，「一つは，音とリズムのパターンによって外界に音楽の表現をつくる（生成する）ことである。あと一つは，音とリズムのパターンによって音楽をつくる過程でその表現に新しい響きと意味を発見し，自らの思考と経験を作り変える（生成）ことである」[1]。この外的世界と内的世界の両方に何かが生み出されることを西園は「音楽の生成」と言っている。

　つまり，「音楽の生成」の核は子どもの外側にできる作品と子どもの内面の両者に視点をあて，その関わりで表現を捉えることにあると言える。

　現実に特別支援学校等で行われている音楽表現活動では，まさにこの「音楽の生成」を実践していると見受けられるものがあるが，それを「音楽の生成」として意識して捉えている教師は少ないのではないだろうか。知的障害

のある青年の音楽表現を「音楽の生成」という視点から捉え直すことで，そこに新しい意味を見い出せるのではないかと考えた。

2．表現活動と「音楽の生成」

　では，表現と「音楽の生成」とはどのような関係にあるのだろうか。「音楽の生成」は音楽の表現活動で起こるものである。表現するということは，表現媒体を使って内的世界と表現の世界との相互作用を行うことである。その相互作用の所産として作品が外的世界に生み出される。この表現の原理において，表現主体の内的世界と所産である作品との関係に意味を与えるものが「音楽の生成」の概念だと言える。このような「音楽の生成」の視点から表現活動を捉えるとき，所産と青年の内面の両方を見ていく必要がある。

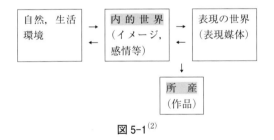

図 5-1[(2)]

3．研究の目的と方法

　以上のことを受けて，本章の研究目的を知的障害のある青年達の表現活動における「音楽の生成」の様相を明らかにすることに置く。

　資料として，2000年5月10日から6月28日まで計5回行った，「『雪渡り』[(3)]の詩に曲を作ろう」という活動の記録を用いる[(4)]。この曲づくりには1年生から3年生（16歳から18歳）までの，知的障害の程度が軽度な男女8名が取り組んでいる。そこには言葉や身体の動きや音を媒体に喜々としてパフォーマンスを行い，自分の気持ちを豊かに言葉で表す祐太と伸男（名前はいずれも仮名）の姿が見られた。その表情やパフォーマンスや発話から，2

人は自己の内的世界と関わらせて曲づくりを行っていると判断した。この2人を分析対象として抽出し，2人の学習過程を「音楽の生成」という視座から捉えて分析する。その場合，所産としては，この活動では言葉と動きと音によるパフォーマンスとして捉える。そして，最初の所産がどう作り替えられていくのかを，①青年達の言葉と動きと音楽によるパフォーマンスの変化として見ていく。内的世界については，最初生まれたイメージがどのように作り替えられていくのかを，②青年達の表現したいものに対するイメージの変化におく。イメージに注目するのは，青年達はイメージを働かせることによって，外的世界（詩）を自分の内に取り入れると考えるからである。

　分析の手続きは以下の通りである。

（1）先ず，所産に関してはビデオ記録から，パフォーマンス（作品）の変化を時間的経過に即して，表現媒体ごとに書き出した表を作成する。その表から同類の変化をまとめていくつかの相として捉える。

（2）また，内的世界のイメージに関しては，表現したいイメージに関わる発言やつぶやきを，時間的経過に即して抜き出した表を作成する。

（3）そして，所産の相とイメージの変化を対応させて，両者の関係を明らかにする。

　以下の事例に共通する事柄として，1）各自のプロフィールは，新版 S-M 社会生活能力検査の結果によって得られた発達像と，筆者の観察によって記す，2）青年達の発話はすべて音声として受け止め平仮名と片仮名で示す，ということがある。

第1節　曲づくりの概要

　曲づくりのために筆者は宮沢賢治の童話『雪渡り』の中に出てくる詩を青年達に示した。

　　狐こんこん狐の子　去年狐のこん助が
　　焼いた魚を取ろとして　おしりに火がつき　きやんきやんきやん

　　この詩は意味・内容が分かり易く，リズムやテンポも良く，韻を踏んだ言葉の響きが面白い。また，宮沢賢治の童話の世界にある日本情緒も味わえると考えたので選択した。

　　曲づくりは2000年5月10日（第1時），5月24日（第2時），5月31日（第3時），6月7日（第4時），6月28日（第5時）に計5回行った。1回の活動時間は約50分である。但し，学校行事の関係で第1時は20分程度，第4時は30分程度の活動となった。

　　曲づくりとは序論で述べたように，主に楽器による音を操作して，その使い方や組織の仕方を思考錯誤しながら，即興でまとまりのある音楽作品に作り上げていく活動である。ここでは仲良しの4名から5名程度でグループを組み，それぞれ1つの作品を作ることにした。

　　活動の展開は次の通りである。

　　第1時では全員で活動した。先ず，筆者はこの詩を色画用紙に書いて黒板に貼った。そして全員で朗読した。次に，筆者が中心になってこれらの詩を言葉と身体の動きと音を媒体として遊んだ。例えば，狐の格好をして鳴きながら跳んだり，狐の様子を思い浮かべて即興で楽器を鳴らしたりした。第2時では，最初は全員で活動した。内容は第1時と同じである。その後，曲づくりを行った。最初にグループを組んだが，全8名の青年達は自発的に，伸男グループ（男子4名）と直江グループ（女子4名）に分かれている。その後，各グループで15分程度練習し発表した。発表は，ア．最初，グループで演奏を行い，イ．次に，自分が表したことを1人ずつ言葉や動作で説明し，ウ．最後に友達の感想を聞いた。第3時から第5時までは全体活動は行わず曲づくりから始めた。発表の手順は第2時と同じである。

　　尚，第4時では，学校行事の関係で授業に参加できない青年達がいたの

表 5-1 活動の展開

活動時間	活　動　内　容
第1時	1．全員で活動 　ア．『雪渡り』の中の「狐」の詩を朗読する。 　イ．筆者が中心となって，上記の詩を言葉と身体の動きと音で遊ぶ（狐の格好をして鳴いたり跳んだりする。狐の様子を思い浮かべて即興で楽器を鳴らす）。
第2時	1．全員で活動 　「狐」の詩を言葉と身体の動きと音で遊ぶ。 2．曲づくり 　ア．グループを組む。グループで1つ詩を選ぶ。グループで曲づくりをする。 　イ．発表する。 　　1）グループで演奏を行う。 　　2）1人ずつ言葉や動作で表したことを説明する。 　ウ．友達の感想を聞く。
第3時から 第5時まで	1．曲づくり 　ア．グループで曲づくりをする（第4時は合同で）。 　イ．発表する。 　ウ．友達の感想を聞く。

で，2つのグループが合同で曲づくりを行っている。

　以上の活動の展開を表5-1として示す。

　活動は音楽室（兼サロン）で行った。授業は筆者が中心となって行い，青年達の指導に養護学校の教員1名が付いた。筆者は曲づくりが停滞している場合に限り，青年達の行動を引き出すために声を掛けたがあとは自由にさせて，彼らが出してくる表現はすべて肯定的に受け入れた。

　音源として，簡易楽器（ハンドル付きダブルカスタネット，スレイベル，トーンチャイム，タンブリン，モンキータンブリン，木魚，ウインドチャイム等），オルフ木琴や鉄琴，打楽器（締め太鼓，柄付き平太鼓，コンガ等）を準備して，青年達の手の届くところに置いた。

第2節　曲づくりの諸事例

　以下に，祐太と伸男の表現活動を見ていく。

（1）祐太の事例

　祐太は高等部2年生（16歳）である。新版S-M社会生活能力検査によると，社会生活年齢は小学校高学年程度である。知的障害の他に目立った障害はない[5]。学習では文字の読み書きは苦手であるが，想像を膨らませお話を作ったりすることは得意である。曲づくりは2回経験している。

1．曲づくりの展開

　祐太の曲づくりを時間的経過に即して記述すると，（ⅰ）詩を言葉と動きと音で表現する，（ⅱ）詩に曲を付けるという2つの活動に分けて見ることができる。そして，それぞれの活動における祐太のパフォーマンスの変化を大きく捉えると，次のように区切ることができる。

　（ⅰ）では，①狐の振りをして，断片的に鳴き跳び音を鳴らす，②狐の振りをして，断片を繋いで鳴き跳び音を鳴らす，③狐の振りをして，節づけして鳴き表情を付けて動き音を鳴らすという段階である。

　（ⅱ）では，①狐の詩を朗読したり音で表現したりしようとする。狐の振りをしてドラマ的に動く，②狐の詩を朗読して音で表現する，という段階である。

　以下に，（ⅰ）と（ⅱ）の各段階に即して活動の展開を見ていく。

（ⅰ）詩を言葉と動きと音で表現する

①狐の振りをして，断片的に鳴き跳び音を鳴らす

　黒板に貼られた狐の詩を見て全員で朗読していると，祐太は「わるきつね

や」とぼそっと呟いた。その詩を見て友達が「おしりにひがつきやてー」と可笑しそうに笑うと，祐太はそれに応えるように，「きゃんきゃんきゃきゃきゃん　きゃんきゃんきゃん」と狐の鳴き声を真似て，断片的な音声で鳴いた。

　教師が詩を読みながらシンバルや木魚を鳴らしたり，狐の振りをして等拍で跳んだりして曲づくりの見本を見せると，祐太も自発的に席を立って嬉しそうに狐の格好をして跳び始めた。

　更に，祐太は美江と向き合い，両手を前に突き出して拳をぶらぶらさせたり左右の手を交互に動かしたりして，仲間の鳴らす楽器の音に乗って「こんこんこん…（略）…」と鳴きながら等拍で両足跳びを行った。また，友達6人で同様に鳴いて跳んだ（第 1 時）。

　いよいよ曲づくりである。祐太は仲良しの伸男達 4 人とグループを組んだ。そして相談して狐を演じる役（3 人）と楽器を鳴らす役（1 人）に分かれた。祐太は狐を演じることにして，「ごんたこんすけ」と独り言を言いながら，色々ある楽器の中からモンキータンブリンを選択し頭に載せた。そして，上体を屈めて頭を垂れて，「こんこん」と鳴きながら狐の振りをして等拍で跳んだ。そこに断片的な音が生まれてきた。祐太の嬉しそうな表情からは，狐のパフォーマンスを楽しんでいる様子が窺える（第 2 時-1）。

②狐の振りをして，断片を繋いで鳴き跳び音を鳴らす

　この段階で教師が「どんなふうにするの？」と質問すると，みんなで相談してA（楽器を鳴らす）B（朗読）A（楽器を鳴らす）の形式で作ると応えた。

　祐太はモンキータンブリンを首に掛け，Aの部分では伸男が鳴らす締め太鼓の（♩♪ ♫♫♫♫♫♫ ♩♪）という拍の流れに乗って，仲間 3 人で並んで（♩♪♩♪）と跳んだ。そのことによって動きと音の重なりが生じてきた。続いてBの部分では，仲間の朗読に乗って祐太も「きつねがこんこん」「きゃんきゃんきゃん」と言いながら，言葉のリズムを生かして（♩♪♩♪～♩♩♩♪）と等拍で跳んだ。更に続けてAの部分を「こん　こん」と鳴きながら言葉の

リズムに合わせ等拍で跳んだ。そのことによって,「きつねがこんこん」
「きゃんきゃんきゃん」「こん　こん」という断片的な音声を繋いだ言葉や,
(♩♪ ♪ ～ ♪♪♪♪ ♪♪ ♪♪) という断片的な基本動作を結合させた動きが生まれ
てきた。首に掛けたモンキータンブリンのジングルからは,動きと同様の断
片を結合した音が生まれていた。パフォーマンス終了後,祐太は「きつねの
きょうだいのいめーじでててよかった」と感想を言った (第2時-1)。

　更に,祐太は伸男のリズム模倣で楽器を鳴らすことにして,Aの部分では
首に掛けたモンキータンブリンを (♩♪ ♫♫♫♫♫♫♫ ♪♪) と打った。B
の部分では,仲間の滑らかな朗読に乗って,「きゃん」と合いの手を入れた
り,「きゃんきゃんきゃん」と甲高い声で鳴いたりした。更に前回同様に楽
器を打った。そのことによって,ジングルから (A♩♪ ♫♫♫♫♫♫♫ ♪♪)
(B♩♪ ♩♪ ♪♪♪♪) (A♪♪ ♫♫♫♫♫♫♫ ♪♪) という断片を結合させた音が
生まれてきた。その曲に対して祐太は,「みんなでしをよみがっきをならし
た」と自分の行為について説明した。また,仲間が「(祐太君は) きゃんてい
うとこ　こえ (声) でかい」と言うと,「おしりにひ (火) ついたからあつ
かってん　びっくりした」と自分のお尻を指しながら説明した (第2時-2)。

③狐の振りをして,節づけして鳴き表情を付けて動き音を鳴らす

　グループの曲づくりはこの段階から,A (朗読) B (楽器を鳴らす) 形式に
変更される。祐太は右手にモンキータンブリン,左手にタンブリンを持って
嬉しそうにパフォーマンスを繰り広げた。Aの部分では,楽器を断続的に振
りながら「こん」と合いの手を入れたり,「きゃんきゃん」「きゃんきゃん」
と抑揚を付けて鳴いたりした。Bの部分では,伸男の (♪♪♪♪ ～) という
等拍のリズムに乗って,両手を回したり,アンバランスに動かしたり,上下
に動かしたりした。戯けて首まで振っているのでまるで狐が踊っているよう
なパフォーマンスになった。身体の延長と考えられる2つのタンブリンのジ
ングルからは強い音や弱い音,長い音や短い音,音の重なりが発生し,わず
かに音楽的な表情が付いてきた。そのパフォーマンスに対して祐太は「タン

ブリンはおしりがもえているかんじ（を表した）」と説明した（第3時-1）。

　この時期，直江達が「おしりがもえている」という音を木琴やタンブリンで鳴らしていたので，教師は祐太達に「狐になって跳んであげて」と依頼すると，祐太達は楽しそうに「こん　こん　こ〜ん　きゃんきゃん…」と長短や抑揚を付けて鳴きながら，背中を丸めて跳び回った（第3時-2）。

　更に，長短や抑揚を一層強調して「こ〜んこんこん　きゃ〜んきゃんきゃ〜〜ん」と甲高い声で鳴くことを楽しんだ（第3時-3）。

（ⅱ）詩に曲を付ける

①狐の詩を朗読したり音で表現したりしようとする。狐の振りをしてドラマ的に動く

　このような音楽行為を踏まえて，祐太は音楽として自律した表現を求めるようになる。彼はタンブリンを鳴らすことを止め，高音の響きに特徴がある金属製打楽器のトーンチャイムを音源として選択した。そして，（♩♪）と1つ断片的に打っては，トーンチャイムに息を吹きかけ火を消す動作を行い，「これは（トーンチャイム）きつねがびっくりしてとびまわっているところ」と説明した（第3時-3）。

　更に，Aの部分では音声の挿入だけではなく，「きつねこんこんきつねのこ…（略）…・」と朗読しようとしたり，「こん」と合いの手を入れたり，「きゃんきゃんきゃん」と甲高い声で鳴いたりした。Bの部分では，トーンチャイムとウィンドチャイムの音色を繋いで鳴らし，驚いたようにのけ反ったり，トーンチャイムに息を吹きかけ火を消すドラマ的なパフォーマンスを繰り広げたりした（第4時-1）。

②狐の詩を朗読して音で表現する

　しかし，このパフォーマンスは間もなく，トーンチャイムを1つ打っては響の余韻を楽しむことを繰り返すという楽器による表現に変更され，パフォーマンスは行わなくなった。また，音声による合いの手も入れず，ただ

朗読するだけになった。そして，「これは（トーンチャイムを指し）きつねが
とびまわっているところ（を鳴らした）」と説明している（第4時-2）。

　更に，トーンチャイムに代わってハンドル付きダブルカスタネットと大型
スレイベルを選択した。そして，これら2種類の楽器を両手に持って，伸男
の締め太鼓の等間隔の連続音に乗り，膝や両手でダイナミックにリズムを取
りながら交互や同時に楽器を振った。このような音楽的な動きを行ったこと
によって，長い音や短い音，強い音や弱い音，音の重なり，にぎやかな音，
せわしい音が生じてきて表情のある音楽になってきた。その曲に対して祐太
は「きつねがおしりにひがついて　おどろいてはしりまわっているところ
すずやカスタネットで（表した）」と説明した。また，「おとが（合わすのに）
わかりにくい」という感想も述べている（第5時-1）。

　更に，鳴らし方は1回目と変更はないが，特に仲間を意識して拍を合わせ
て鳴らすようになった（第5時-2）。

2．実践の分析

　以上，述べてきた祐太の曲づくりを音楽の生成という視点より分析する。
　ここでは祐太のパフォーマンス（作品）の変化を次頁に表5-2として表
す。横項目には表現活動と，言葉・動き・音という表現媒体を記す。縦項目
には垪間的経過を記す。

1）パフォーマンスの変化

　パフォーマンスの変化を表現媒体ごとに抜き出してみる。
　言葉では最初，「きゃんきゃん」や「こん　こんこん」と断片的な音声で
鳴いている。その音声が結合してくる。仲間の朗読に乗ると「きつねがこん
こん」，「きゃんきゃんきゃん」「こんこん」等の部分が繋がってきたのであ
る。その音声に抑揚や長短が付き節づけされた音声となる。その後，鳴くこ
とは上めて言葉を用いて朗読するようになる。これらはすべて祐太の自発的

表5-2　パフォーマンスの変化

媒体 表現活動	言　葉	動　き	音
(i)詩を言葉と動きと音で表現する	①狐の振りをして，断片的に鳴き跳び音を鳴らす	断片的な音声 「きゃんきゃん　きゃんきゃん」 「こん　こんこん」	断片的な基本動作 等拍の両足跳び（模倣，独自） 仲間の音に乗り，美絵や仲間6人と等拍の両足跳び	断片的な音 首に掛けたモンキータンブリンのジングルから（♩♪♩♪）という音
	②狐の振りをして，断片を繋いで鳴き跳び音を鳴らす	断片的な音声の結合 仲間の朗読に乗って，「きつねがこんこん」，「きゃんきゃんきゃん」，「こん　こん」という部分を繋ぐ 「きつねがこんこん」，「こん（合いの手）」，「きゃんきゃんきゃん（高音）」という部分を繋ぐ	基本動作の結合 仲間3人で，拍の流れに乗って（♩♪♩♪）と跳ぶ 仲間の朗読に乗り（♩♪♩♪～♩♩♩♪）と跳ぶ，（♩♪♩♪）（♩♪♩♪～♩♩♩♪）（♩♪♩♪）を結合させた動き	断片的な音の結合 ABA形式，首に掛けたモンキータンブリのジングルの音色 (A♩♪♩♪)(B♩♪♩♪～♩♩♩♪)(A♩♪♩♪)を繋ぐ リズム模倣，モンキータンブリンを打つ，ジングルの音色，(A♩♫♫♫♫♩♪)(B♩♪♩♪～♩♩♩♪)(A)を繋ぐ
	③狐の振りをして，節づけして鳴き表情を付けて動き音を鳴らす	節づけされた音声 「こん（合いの手）」「きゃんきゃん」「きゃんきゃん」 抑揚や長短をつけ「こん　こん　こ～んきゃんきゃん…」 「こ～んこんこんきゃ～んきゃんきゃ～～ん」	表情のある動き 両手を回したり，アンバランスに動かしたり，上下に動かしたりして狐になって踊る 背中を丸めて跳び回る	わずかに表情のある音楽 AB形式，二つのタンブリンを振る，ジングルから強い音や弱い音，長い音や短い音，音の重なり，多様な音素材
(ii)詩に曲を付ける	①狐の詩を朗読したり音で表現したりしようとする。狐の振りをしてドラマ的に動く	言葉で朗読しようとする 「きつねこんこん…こん（合いの手）…きゃんきゃんきゃん（高音）」	ドラマ的な動き トーンチャイムを断片的に打ち，楽器に息を吹きかけ火を消す トーンチャイムを1つ打っては，驚いたようにのけ反ったり，楽器に息を吹きかけ火を消したりする	断片的な音 トーンチャイムの選択，高音の響き，（♩♪）という音 断片的な音の結合 トーンチャイムと木魚とウインドチャイムを繋ぐ
	②狐の詩を朗読して音で表現する	言葉で朗読 「きつねこんこん…」	音楽的な動き 膝や両手でリズムを取る	表情のある音楽 ハンドル付きダブルカスタネットとスレイベルの

※表中「音」列の最下2行にかけて「構成された音楽」と縦書き表記

				2種類を振る，長い音や短い音，強い音や弱い音，音の重なり，にぎやかな音，忙しい音，構成要素に多様な変化を持つ音楽 仲間を意識し拍を合わせる

な行為である。

　動きでは最初，等拍の両足跳びという断片的な基本動作で，狐の振りを行っている。次にそれらの跳び方が繋がってくる。仲間の朗読や音に乗ると（♩♪ ♩♪ ～ ♩♪ ♩♪ ♪）（♩♪ ♩♪ ♪）という断片を結合した動きになる。更に，両手を回したり，アンバランスに動かしたり，上下に動かしたりする動きが表れ，狐が踊っているような表情が出てくる。更に，しっぽに火の付いた狐が暴れている様子を演じるように，動きがより具体的になる。その動きはやがて膝や両手でリズムを取る，という音楽的な動きに変化していく。

　音では最初，首に掛けたモンキータンブリンから（♩♪ ♩♪ ♪）と断片的な音が生まれている。次に，断片的な音が結合する。仲間の模倣や等拍の流れに乗ると（♩♪ ♫♫♫♫♫♫♫ ♩♪ ♪）や（♩♪ ♩♪ ♪ ～ ♩♪ ♩♪ ♪）等という音が生まれてくる。更にわずかに音楽的な表情が表れる。狐が踊っているようにタンブリンを振ると，強い音や弱い音，長い音や短い音，音の重なりが発生してきたのである。つまり，強弱，リズム，テクスチュアという構成要素に変化が見られる音楽となった。

　そこから祐太は音楽を構成するようになる。先ずはトーンチャイムを選択し断片的に鳴らす。次にウィンドチャイム等の音色を繋いで鳴らす。更に，にぎやかで忙しい表情のある音楽を生み出す。スレイベルとハンドル付きダブルカスタネットを手に持ち，身体でリズムを取って鳴らすと長い音や短い音，強い音や弱い音，音の重なり，少し速い速度を持った曲が表れたのである。つまり，リズム，強弱，テクスチュア，速度という構成要素による多様

な変化を持つ曲が生まれてきたのである。その後は仲間と音を合わせること
に意識が向けられていった。

　この表5-2から表現媒体ごとに変化をまとめると，表5-3のパフォーマン
スの変化の相のようになる。

表5-3　パフォーマンスの変化の相

相 ＼ 媒体	言　葉	動　き	音
①断片的表現	断片的な音声	断片的な基本動作	断片的な音
②断片的表現の結合	断片的な音声の結合	基本動作の結合	断片的な音の結合
③表情の出現	節づけされた音声	表情のある動き	わずかに表情のある音楽
④構成要素によるまとまり（作品の構成）	朗読	音楽的な動き	構成された音楽 ①断片的な音 ②断片的な音の結合 ③表情のある音楽

　言葉では，①断片的な音声，②断片的な音声の結合，③節づけされた音
声，④言葉で朗読という4段階が見られた。

　動きでは，①断片的な基本動作，②基本動作の結合，③表情のある動き，
④音楽的な動きという4段階が見られた。

　音では，①断片的な音，②断片的な音の結合，③わずかに表情のある音
楽，④構成された音楽という4段階が見られた。但し，④ではまた①②③と
いう道筋であった。

　以上の各表現媒体における変化の相の共通性を取り出すと，①断片的表
現，②断片的表現の結合，③表情の出現，④構成要素によるまとまり（作品
の構成）という段階になる。

2) イメージの変化

　次に，祐太の表現したいイメージに関わる発言やつぶやきを時間的経過に即して抜き出すと表5-4のようになる。

表5-4　イメージの変化

活動	言　　葉	イメージ
(ⅰ)詩を言葉と動きと音で表現する	「わるきつね」	漠然としたイメージ
	「ごんたこんすけ」	具体的イメージ
	「きつねのきょうだいのイメージ」「みんなで（狐の兄弟になって）しをよみがっきをならした…」	生活感情と結び付いたイメージ
	「おしりにひついたからあつかってんびっくりした」	感覚的イメージ（熱かっただろうと狐の身になり想像）
	「タンブリンはおしりがもえているかんじ」	映像的イメージ
(ⅱ詩に曲を付ける	「これ（トーンチャイム）はきつねがびっくりしてとびまわっている」「これはきつねがとびまわっている」	動的イメージ（びっくりしただろうと狐の心理を想像）
	「きつねがおしりにひがついておどろいてはしりまわっているところすずやカスタネットで」	ストーリー性のあるイメージ
	おとがわかりにくい	音楽演奏に関するイメージ

　教材『雪渡り』の話を聞いたとき，祐太には「わるきつね」という漠然としたイメージがわいた。それがいかに作り替えられていったのかを見ると，狐の振りをして鳴いたり跳んだりするうちに，「ごんたこんすけ」という悪戯もので愛嬌のある狐の具体的なイメージがわいてきた。

　そこでモンキータンブリンを首に掛け，仲間と一緒にパフォーマンスを行ううちに，「きつねのきょうだいのイメージ」という生活感情と結び付いたイメージがわいてきた。

　更に，「みんなでしをよみがっきをなら（す）」うちに，自分が「こんす

け」になったような気持になり，「おしりにひついたからあつかってんびっくりした」という感覚的イメージが起こってきた。ここでは狐は熱かっただろうという，狐の身になって想像がなされている。

　更に「たんぶりんはおしりがもえているかんじ」という，狐のしっぽが燃えている映像的イメージがわいてきた。

　これを踏まえ，次にはイメージが感情や動きを持ってくる。「これ（トーンチャイム）はきつねがびっくりしてとびまわっているところ」というように，びっくりしただろうと狐の気持を想像した，生き生きとした動的なイメージが起こった。ここでは狐の心理を想像して述べている。更に，「これはきつねがとびまわっているところ」というように，ここでも動きのあるイメージが起こっている。

　また更に「きつねがおしりにひがついておどろいてはしりまわっているところすずやカスタネットで」という言い方になっている。これまでのような断片的な説明ではなく，狐の様子を詳しく描写した言い方がなされ，ストーリー性やまとまりのあるイメージが起こっている。

　更に，音楽演奏に関するイメージも起こっている，と考えられる。

3) パフォーマンスの変化とイメージの変化との関係

　パフォーマンスの変化は既に述べたように，①断片的表現，②断片的表現の結合，③表情の出現，④構成要素によるまとまり，という相を示した。このようなパフォーマンスの変化は，祐太の内的世界の変化とどのような関係にあるのだろうか。表5-3と表5-4の繋がりを矢印で示したものが104頁に記した図5-2の所産とイメージの関係である。

　具体的に説明する。

　①祐太には，狐の詩から漠然とした「わるきつね」のイメージがわいた。そこで，言葉や動きを媒体として断片的に鳴いたり跳んだりして狐の振りをすると「ごんたこんすけ」という具体的イメージが起こった。

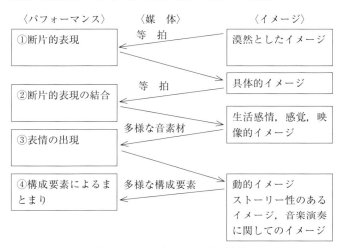

図5-2　所産とイメージの関係

　②そこで，仲間と一緒に等拍の言葉やリズムに乗って，いたずら「こんす
け』のパフォーマンスを行ううちに，断片的であった声や動きや音が持続さ
れた拍の上に乗る形で繋がって，祐太はより狐の身に成り切ることができ
た。そこで「きつねのきょうだい」という生活感情を持ったイメージがわい
てきた。

　更に，「みんなでしをよみがっきをなら（してみる）」と音の重なりが生じ
て，一層，狐の身に成り切ることができた。そこでは「あつかった」という
感覚的イメージがわいて，「きゃん（高音）ていったよ」という言葉の抑揚
が生じた。

　③更にそこから「タンブリンはおしりがもえているかんじ」という映像的
イメージが起こって，音色，強い音や弱い音，長い音や短い音，音の重なり
が生じた。つまり，表現媒体の複数の要素を使った表情のあるパフォーマン
スとなった。

　④ここで祐太のイメージは「これはきつねがびっくりしてとびまわってい

るところ」というように，感情的で動的なものとなった。そこから音楽として自律した表現が始まった。これらのイメージを音で表そうと高音に音源を求め断片的に鳴らすと，そこから生み出される響きにイメージが喚起され，楽器に息を吹きかけ火を消すパフォーマンスが起こった。更に「これはきつねがとびまわっているところ」と言って音色を繋いで鳴らすと，驚いたようにのけ反り火を消すという，ますますドラマ的なパフォーマンスとなった。

　更に「きつねがおしりにひがついておどろいてはしりまわっているところ　すずやカスタネットで」という，ストーリー性のあるイメージとなった。そこで，音色に変化を求め，より多様な構成要素による変化を付けると，そこににぎやかで忙しい表情のある音楽が生まれてきた。

　音楽として自律したこのパフォーマンスにおいては，それをよりまとまりを持って演奏をするために，仲間と拍を合わせようという意識が出てきた。

3．音楽の生成の様相

　分析より，祐太の曲づくりに見られる「音楽の生成」の様相を整理する。

　曲づくりにおいて，外的世界には言葉・動き・音という媒体によるパフォーマンス（所産）が生み出され，それぞれが変化していった。ここではどの表現媒体においても共通することは，①断片的表現，②断片的表現の結合，③表情の出現，④構成要素によるまとまり（作品の構成）という相であった。

　他方，内的世界においては表現したいものと関わってイメージが変化していった。それは，①漠然としたイメージ，②具体的イメージ，③生活感情的イメージ，感覚的イメージ，映像的イメージ，④動的イメージ，ストーリー性のあるイメージ，音楽演奏に関してのイメージという段階であった。

　そして，これらの所産とイメージの両者は相互作用によって進展していった。つまり，イメージの変化はパフォーマンスの変化を生み出し，パフォーマンスの変化はイメージの変化を生み出すことになったのである。

　事例を見ると，内的世界に漠然としたイメージが生じたとき，外に生じたものは音声や動きによる断片的なパフォーマンスであった。以後，このイメージとパフォーマンスが次々と作り替えられていく。

　パフォーマンスを行う中で狐の具体的イメージがわいた。そこで楽器を選択し，等拍のリズムに乗って音声や動き音を媒体に狐のパフォーマンスを行っているうちに，断片的表現が結合した。そこに生活感情と結び付いたイメージが起こり，パフォーマンスにおいては音の重なりが表れてきた。また，感覚的イメージも起こって，高音での抑揚のあるパフォーマンスとなった。更に，映像的イメージが起こって，媒体の複数の要素を用いた表情のあるパフォーマンスとなった。更に，感情的イメージや動的イメージがわいてくると，音楽として自律した表現が成立してきた。ここではドラマ的なパフォーマンスも現れてきた。パフォーマンスが表情を持ってくると，イメージもこれまでのイメージを総合的にまとめたストーリー性のあるイメージや，ストーリーと音楽の要素を関わらせたイメージが起こって，それらのイメージはより多様な音楽の構成要素と結び付き，表情のある曲となった。音楽として自律したこのパフォーマンスにおいては，音楽演奏に関してのイメージも起こって，仲間と拍を合わせようという意識が出てきたのである。

（2）伸男の事例

　次に伸男の活動について見ていく。

　伸男は高等部3年生（17歳）である。新版S-M社会生活能力検査によると，社会生活年齢は小学校高学年程度である。知的障害の他に目立った障害はない。普段から落ち着いて学習に取り組み，特に体を使う活動はリーダーとして活躍している。また，音楽を愛好する家庭に育ち，曲づくりの経験もある。

1．曲づくりの展開

　伸男の曲づくりを時間的経過に即して記述すると，（ⅰ）詩を言葉と動きと音で表現する，（ⅱ）詩に曲を付けるという 2 つの活動に分けて見ることができる。そして，それぞれの活動における伸男のパフォーマンスの変化を大きく捉えると，次のように区切ることができる。

　（ⅰ）では，①狐の振りをして，断片的に鳴き跳び音を鳴らす，②狐の振りをして，断片を繋ぎ節づけして鳴き表情を付けて動くという段階である。

　（ⅱ）では，①狐の詩を朗読したり音で表現たりしようとする，②狐の詩を朗読して音で表現する，という段階である。

　以下に，（ⅰ）と（ⅱ）のそれぞれの段階に即して活動の展開を見ていく。

（ⅰ）詩を言葉と動きと音で表現する

①狐の振りをして，断片的に鳴き跳び音を鳴らす

　伸男は黒板に貼られた詩を見て友達と大きな声で朗読した。また，教師や祐太達が狐の振りをして鳴いたり跳んだりしているのを見て，可笑しそうに笑っていた。

　そのうち伸男も自発的に狐の動作を始めた。正夫達が鳴らす打楽器の音に乗って，仲間 6 人で狐の振りをして，「こんこんこんこんこんこん」と鳴きながら，両足を揃えて膝を折り腰を落として等拍で跳んだのである。そのパフォーマンスに対して，「ぼくとゆうたくんとなおえちゃんできつねをやりました。たろうくんはきつねにばかされたねこをしました」と説明した（第 1 時）。

　また，祐太が「きゃんきゃんきゃん」と鳴きながら嬉しそうに跳ぶ姿を見ると，「おっちょこちょいのきつねやなー」と笑いながら呟いている。そこで伸男も「おっちょこちょい」の狐を演じるように，戯けた表情で首を振りながら木琴を無造作に打って仲間と遊び始めたのである（第 2 時-1）。

②狐の振りをして，断片を繋ぎ節づけして鳴き表情を付けて動く

　直江達が「おしりがもえている」様子を木琴で鳴らしていると，伸夫はその音に乗って「こんこん　こ～ん　きゃんきゃん…（略）…」と長短や抑揚を付けた節づけされた音声で鳴き，背中を丸めて跳び回り，尻尾に火のついた狐が熱がっている様子を，仲間と入り乱れて楽しそうに演じた（第３時-2）。

（ⅱ）詩に曲をつける

　いよいよ，曲づくりが始まった。
①狐の詩を朗読したり音で表現したりしようとする
　この時期，伸男は祐太達と４人でグループを組み，そこで相談して伸男は楽器を鳴らす役，他の３人は狐を演じる役に分かれた。曲構成はＡ（楽器）Ｂ（朗読）Ａ（楽器）という形式で作ることにした。
　曲づくりが始まると伸男は「いいことひらめいた」と独り言を言って，音源として締め太鼓を選択し（以後，音源の選択に変更はない）た。そして，Ａの部分では＜とん・とととととととととととととん・（♪♫♫♫♫♫♫♪）＞と，始めはゆっくり次第に加速，最後は一打という一まとまりのリズムを，１本のばちで繰り返し鳴らした。Ｂの部分では詩の断片を途切れながら繋いで朗読した。更に続けてＡ（♪♫♫♫♫♫♫♪）のリズムを反復し，最後は「おわり」と言って終止にした。演奏終了後，教師が「動きの人に何か注文にありませんか」と尋ねると，「がっきのてんぽにあわせてほしい」と要望した。
　更に曲づくりを重ねる中で，締め太鼓を注意深く漸次加速で打って，「こまかくいった（細かく刻んで鳴らした）」と感想を述べていた（第２時-2）。
　それ以後，曲づくりの構成はＡ（朗読）Ｂ（楽器を鳴らす）形式に変更される。
　Ａの部分では，「きつねこんこんきつねのこ　きょねんきつねのこんすけが　やいたさかなをとろとして　おしりにひがつききゃんきゃんきゃん」と朗読しながら，「きゃんきゃんきゃん」という言葉のリズムに一体化させて締め太鼓を（♩♩♪）と打った。Ｂの部分では，「きゃんきゃんきゃん𝄽」の

リズムを繰り返して鳴らした。鳴らすうちに，いつの間にか4拍目の休符が取れて連続するパルスのリズムになり，速度も次第に速くなっていった。伸男は狐踊りをしている祐太と顔を見合わせ，2人で楽しそうに首を振りながら戯けて鳴らしたのである。演奏終了後「きつねがはしっているみたいでおもしろかった」「いままではうた（朗読）のあとがっきだけいれててんけど　きょうはきつねがないているとこだけ　きゃんきゃんきゃんのところやった（楽器を鳴らした）」と説明した（第3時-1）。

　また更に，祐太がトーンチャイムの高音を響かせて，「きつねがびっくりしてとびまわっているところ」を鳴らしていると，伸男は等拍のリズムを重ねて打ちながら「きゃんきゃんきゃん」と鳴いた。そのパフォーマンスに対して「きつねがおしり　きがついてきゃんきゃんいっているところならした」という説明を加えた（第3時-3）。

②狐の詩を朗読して音で表現する

　曲づくりは更に表情のある演奏へと変化していく。Aの部分では，拍の流れに乗って明確な音声でスムーズに朗読した。Bの部分では最初，連続する等拍のリズムを無造作に打っていたが，やがて狐が熱がっている様子を締め太鼓の奏法に反映させ，鼓面の左や右や前や後を打ったり，2本のばちを交互に忙しく動かして打ったりして，ドラマ的な奏法で鳴らすようになった。そのことによって音色やリズムや速度に変化が生じてきた。また，クレッシェンド（次第に強く）しながら鳴らすこともした。そのパフォーマンスに対して，「きつねがひがついたところをあらわした。まえとおなじがっき（締め太鼓）やけど　リズムやたたきかたをかえて」と説明した（第5時-1）。

　更に，仲間を意識して拍を揃えて鳴らそうとするようになった（第5時-2）。

2．実践の分析

　以上，述べてきた伸男の曲づくりを音楽の生成の視点より分析する。

表 5-5　パフォーマンスの変化

媒体 表現活動	言　葉	動　き	音
(1)詩を言葉と動きと音で表現する ①狐の振りをして，断片的に鳴き跳び音を鳴らす	歌詞カードを見て朗読 断片的な音声 「こんこんこん…（略）…」	断片的な基本動作 仲間と等拍で両足跳び 首を振る	断片的な音 無造作に打つ
②狐の振りをして，断片を繋ぎ節づけして鳴き表情を付けて動く	断片的音声の結合 節づけされた音声 抑揚や長短を付け 「こんこん　こ〜ん　きゃんきゃん…（略）…」	基本動作の結合 表情のある動き 背中を丸めて跳び回る	
(2)詩に曲を付ける ①狐の詩を朗読したり音で表現したりしようとする	言葉で朗読しようとする 途切れとぎれの朗読	表情のある動き 首を振りながら戯けて	構成された音楽 — 断片的な音 締め太鼓の音色，ABA形式，言葉「きゃんきゃん」と一体化したリズ，等拍，断片を結合し連続するパルスのリズム，AB形式，表情のある音楽（次第に速く）
②狐の詩を朗読して音で表現する	言葉で朗読 明確な音声でスムーズな朗読	音楽的な動き 鼓面の左右や前後を忙しく打つ	表情のある音楽 音色，リズム，速度，ダイナミックスの変化 仲間を意識し拍を合わせる

　ここでは伸男のパフォーマンス（作品）の変化を表5-5として表す。横項目には表現活動と言葉・動き・音という表現媒体を記す。縦項目には時間的経過を記す。

1）パフォーマンスの変化

　パフォーマンスの変化を表現媒体ごとに抜き出してみる。

　言葉では，最初「こんこんこんこん」と断片的な音声で鳴いている。その音声が結合して長短や抑揚の付いた節づけされた音声となる。その後，言葉を用いて朗読するようになる。その場合，最初は途切れながら読みあげているが，やがて明確な音声でスムーズに朗読するようになる。

　動きでは，最初は狐の振りをして断片的な基本動作（等拍）で跳んでいる。その動きが繋がって表情を持ってくる。狐が熱がっている様子を背中を丸めて跳び回る動作で表わしたり，狐が走っている様子を自分の首を振りながら締め太鼓を鳴らしたりしているのである。その動きはやがて音楽的な動きに変化していく。狐が熱くて逃げまどう様子を演じるように，締め太鼓の鼓面の左右や前後を忙しく打つのであった。

　音では，最初は無造作に断片的な音を鳴らしているが，まもなく音楽を構成する。先ずは，締め太鼓で一まとまりの音や，言葉と一体化した等拍を断片的に鳴らす。次に，断片が繋がって僅かに音に表情が付いてくる。狐が「はしっている」様子を次第に速くなる等拍で鳴らすのである。更に，「きつねがひがついたところ」を表すように，締め太鼓の打つ位置や速度やダイナミックスを変化させて鳴らすようになる。そのことによって，音色，リズム，速度，ダイナミックスという多様な構成要素による表情のある曲が生まれてくる。その後は仲間と合わせることに意識が向けられた。

　この表5-5から表現媒体ごとに変化をまとめると，112頁に記す表5-6のようになる。

　言葉では，①断片的な音声，②断片的な音声の結合と節づけされた音声，③朗読という3段階が見られた。動きでは，①断片的な基本動作，②基本動作の結合と表情のある動き，③音楽的な動きという3段階が見られた。音では，最初は①断片的な音を鳴らしている。しかし，直ぐに，②音楽を構成するようになる。ここでは①断片的な音，②断片的な音の結合と僅かに表情のある音楽，③表情のある音楽という3段階が見られた。

　以上の，各表現媒体における変化の相の共通性を取り出すと，言葉と動き

表5-6　パフォーマンスの変化の相

媒体 相	言　葉	動　き	音
①断片的表現	断片的な音声	断片的な基本動作	断片的な音
②断片的表現の結合と表情の出現	断片的な音声の結合と節づけされた音声	基本動作の結合と表情のある動き	なし
③構成要素によるまとまり	朗読	音楽的な動き	構成された音楽 ①断片的な音 ②断片的な音の結合と僅かに表情のある音楽 ③表情のある音楽

は，①断片的な表現，②断片的な表現の結合と表情の出現，③構成要素によるまとまり（作品の構成）という段階になる。音では①断片的な表現の後，直ぐに，③構成要素によるまとまりの段階に進んだのである。ここではまた①②③という道筋を歩んでいる。

2）イメージの変化

　次に，伸男の表現したいイメージに関わる発言やつぶやきを時間的経過に即して抜き出すと，113頁に記す表5-7のようになる。

　『雪渡り』の詩をみんなで朗読し，狐の振りを楽しむ仲間を見ているうちに，「きつね」や「きつねにばかされたねこ」という漠然としたイメージが生じた。また，仲間が狐の振りをして鳴きながら跳ぶ姿を見て，「おっちょこちょいのきつね」という具体的イメージが起こった。そこで伸夫も戯けた狐を演じるように首を振って木琴を鳴らすうちに，「いいことひらめいた」という日本情緒と結び付いた感覚的イメージが起こった。更に「がっきのてんぽにあわせてほしい」「こまかくいった」という音楽演奏に関するイメージも起こってきた。また更に，仲間と戯けて狐の振りをして締め太鼓を鳴らしているうちに，詩の中の狐が身近に感じられるようになってきて「きつね

表5-7　イメージの変化

活　動	言　　葉	イ　 メ　ー　ジ
(1)詩を言葉・動き・音で表現	「きつね」 「きつねにばかされたねこ」	漠然としたイメージ
	「おっちょこちょいのきつね」	具体的イメージ
(2)詩に曲を付ける	「いいことひらめいた」	感覚的イメージ（日本情緒と結び付いた感覚）
	「がっきのてんぽにあわせてほしい」 「こまかくいった」	音楽演奏に関するイメージ
	「きつねがないているところだけきゃんきゃんのところやった」	音響的イメージ
	「きつねがはしっているみたいでおもしろかった」	映像的・動的イメージ
	「きつねがおしり　きがついてきゃんきゃんいっているところ」	ストーリー性のあるイメージ
	「きつねがひがついたところリズムやたたきかたかえた」	ストーリーと音楽の諸要素を関わらせたイメージ 演奏に関してのイメージ

がないている」という音響的イメージや，「きつねがはしっている」という映像的・動的なイメージも起こった。更に，狐のドラマ的なパフォーマンスを行ったり，仲間が鳴らす「きつねがびっくりしてとびまわっている」という音を聞くと，「きつねがおしり　きがついてきゃんきゃんいっているところ」，という狐の様子を詳しく説明した言い方がなされて，これまでのイメージをまとめたストーリー性のあるイメージが起こった。更に，「きつねがひがついたところ…（略）…リズムやたたきかたかえた」，というようにストーリーと音楽の諸要素を関わらせたイメージや演奏に関するイメージも起こってきている，と考えられる。

3）パフォーマンスの変化とイメージの変化との関係

　パフォーマンスの変化は既に述べたように，①断片的表現，②断片的表現の結合と表情の出現，③構成要素によるまとまり（音はまた①②③の道筋）という相を示した。このようなパフォーマンスの変化は，伸男の内的世界の変化とどのような関係にあるのだろうか。表5-6と表5-7の繋がりを矢印で示したものが図5-3の所産とイメージの関係である。

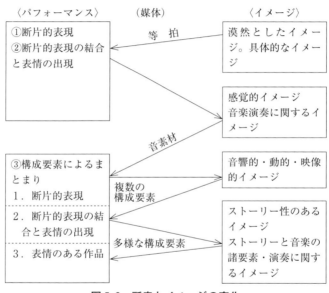

図5-3　所産とイメージの変化

　以下に具体的に説明する。

　①②伸男には，狐の詩を読んだり，狐の真似をして跳んだり鳴いたりするうちに，「きつね」の漠然としたイメージが起こった。更に仲間のパフォーマンス見ているうちに「おっちょこちょいのきつね」という具体的なイメージが起こった。

　③-1．そこで仲間と戯けた狐を演じるように，首を振りながら音を鳴らしているうちに，「いいことひらめいた」という，日本情緒と結び付いた感

覚的イメージが起こって，締め太鼓の音色による漸次加速に似たリズムが生じてきた。ここでは音楽演奏に関するイメージも起こってきた。そこから音楽として自律した表現が始まった。

　③-2．更に，仲間と戯けて狐の振りをして動き音を鳴らすうちに，「きつねがないている」という音響的イメージや，「きつねがはしっている」という動的・映像的イメージが起こり，言葉のリズムと等拍を結合させた音や，次第に速くなる速度が生じてきた。

　③-3．更に，仲間と狐のパフォーマンスを行ううちに，狐が熱がって逃げ惑うストーリー性のあるイメージが起こって，断片を連結させた動きや長短や抑揚を付けた音声が生じてきた。このようにイメージが多様になってくると，ストーリーと音楽の諸要素を関わらせたイメージが起こり，音色やリズムや速度の変化による表情のある音楽となった。そこでは仲間と拍を合わせようとする演奏に関してのイメージも起こってきた。

3．音楽の生成の様相

　以上の分析より，伸男の曲づくりに見られる「音楽の生成」の様相を整理する。

　伸男の『雪渡り』の表現活動においては，外的世界には言葉と動きと音によるパフォーマンス（所産）が生み出され，それぞれが変化していった。言葉と動きについては，①断片的な表現，②断片的な表現の結合と表情の出現，③構成要素によるまとまりという相であった。②の段階では表現が結合すると同時に表情も僅かに出現している。音については最初，①断片的な表現が現れるが，②の段階を踏まず直ちに，③構成要素によるまとまりに進んでいる。

　他方，内的世界においては表現したいものと関わってイメージが変化していった。それは，①漠然としたイメージ，具体的イメージ，③-1．感覚的イメージ，音楽演奏に関するイメージ，③-2．音響的イメージ，映像的・

動的イメージ，③-3．ストーリー性のあるイメージ，ストーリーと音楽の諸要素を関わらせたイメージや演奏に関するイメージ，という段階であった。

　これらのイメージの変化とパフォーマンスの変化は相互作用によって進展していく。

　内的世界に漠然としたイメージが生じたとき，外的世界には音声や動きによる断片的なパフォーマンスが現れて来た。以後，このイメージとパフォーマンスが作り替えられていく。

　伸男にはパフォーマンスを行う中で狐の具体的なイメージがわいた。そこで，音や動きを媒体に狐の振りをして等拍のリズムに乗って跳ぶと，感覚的イメージが起こって日本的な音色とリズムによる断片的な表現が現れてきた。更に音を鳴らしているうちに音響的・動的・映像的イメージが起ってきて，言葉のリズムと等拍を結合させた音や，次第に速くなる速度の変化が生じてきた。更に，仲間と狐のパフォーマンスを行う中でストーリー性のあるイメージが起こり，断片を結合させた動きや節づけされた音声が生じてきた。パフォーマンスが表情を持ってくると，イメージと音楽の諸要素を関わらせたイメージが起こり，より多様な構成要素と結び付いた表情のある音楽になったのである。

第3節　考察

　祐太と伸男の表現活動を「音楽の生成」の視点から捉え直したことで，外的世界の所産としてのパフォーマンスから，それと関連づけられた内的世界のイメージの変化を見ることができた。

　祐太の場合，最初，対象に対しては概念的な「わるぎつね」という捉え方であったが，狐の振りをしてパフォーマンスを行うことで狐に成り切った。そのことによって狐の心理や感情を想像できるようになり，それを言葉や動

きや音の構成要素を使って表すと，イメージが映像的で動的に作り替えられてきた。ここで構成要素の使用を様々に試すことは，狐を客観視して捉えることに繋がり，そこに今までのイメージすべてを総合したストーリー性のあるイメージが祐太自身の口から語られるようになった。更に音として自律したパフォーマンスを洗練していく工夫が成されるようになっていった。

　伸男の場合も，最初は対象に対しては概念的な「きつね」という捉え方であったが，狐のパフォーマンスを見たり行ったりすることで具体的なイメージを持つようになった。そこで，狐を演じるように音を鳴らしているうちに，感覚的イメージや音楽演奏に関するイメージが起こって音楽として自律した。更に，言葉や動きや音の構成要素を使って表すことで，映像的・音響的・動的イメージが起こって狐を客観的に捉えるようになった。そして，狐の心理や感情も想像できるようになり，ストーリー性のあるイメージやストーリーと音楽の構成要素を関わらせたイメージが起こってきた。

　つまり，２人はパフォーマンスとイメージを作り替えることで，対象への見方を対象の感情を思いやったものへと変化させていった。このことは内面の成長と言えるのではないだろうか。

　以上，２人のパフォーマンスを「生成」の視点から捉え直したことで，知的障害のある青年の内面の成長の一面を捉えることができたと言える。

注

(1)　西園芳信「音楽による意味とかたちの生成とその教育的意義」『学校音楽教育研究』Vol.7　2003　日本学校音楽教育実践学会　pp.105-106
(2)　図5-1は小島律子氏の表現の原理を参考にして記述したものである。小島律子「第6章　子どもの表現はいかに芽生え，発展するか」『音楽による表現の教育—継承から創造へ—』1998　晃洋書房　p.119
(3)　宮沢賢治『雪渡り』1994　金の星社
(4)　筆者は同じ資料を使って，前書『知的障害のある青年達の音楽行為』では音楽行為におけるイメージの働きについて検討しているが，本書では「音楽の生成」の視点から分析を試みている。

(5) 例えば，意志交換，集団参加，自己統制，身辺自立，移動，作業等の目立った障
　　害はない。

第6章　言葉・動き・音の表現媒体の
結合に見られる音楽的発達の様相
──イメージと表現媒体との関連性──

はじめに

　第4章と第5章で見てきたように，知的障害のある青年達の音楽表現においては，言葉と動きと音という3者の表現媒体は結合して扱われることが多かった。動きづくりと言っても踊りながら手拍子や足拍子（身体楽器）を行ったり，曲づくりと言っても独特の動きを伴いながら締め太鼓を打ったりしたのである。

　ところで，音楽教育においては青年達が音楽と関わる文脈において，発達を探る研究が求められている。発達に即した音楽の授業を行うことで，青年達の内面の成長が成し遂げられ音楽作品も充実してくるからである。

　そのことを受けて，筆者は上記に示したような3者の表現媒体の結合の仕方を探ることで，発達の一面が見えてくるのではないかと考えた。

　そこで本章では言葉と動きと音の表現媒体の結合と音楽的発達の関連に焦点をあてて考察する。ここでは表現媒体の結合を作っているイメージの働き，つまり，青年達の内面の働きについても検討したい。

　その場合，言葉とは，1）表現したいイメージに関わって表れる擬音語・擬態語，自然現象を表す言葉，ストーリー，2）演奏中に表れる掛け声，とする。動きとは身体の動きで，1）何かを指示するための動き，2）事象や自然現象の様態を模倣する動き，3）ストーリーの内容を表す動き，4）楽器操作を行う際に現れる動きを言う。音とは楽器から出される音響を言う。

　この研究の資料を得るために新たに曲づくりの実践を行おうと考えたが，媒体の結合と発達の関連が探れるほどの資料を得ることは容易ではないと予想された。そこで，1993年の５月６日から６月28日まで計８回行った，「『ころころころ』(1) の絵本から曲を作ろう」という活動記録を用いることにした。活動年代がいささか古いように思われたが，音楽的発達を見るために差し障りがあるとは思えない。また，この活動では発達段階が様々な青年達が言葉と動きと音楽を媒体として生き生き表現して，自分の気持ちを言葉で説明しているので，イメージとの関連が見えやすい。これらのことから資料として適切であると判断した。

　研究方法は事例分析による。

　この曲づくりには１年生から３年生（16歳～18歳）までの男女16名が取り組んでいる。その中から外に現れてきた作品の表現段階が異なる５人の青年を抽出する。リズム・パターンを形成した啓介，リズム・パターンを結合させた貴と千絵，ストーリーを創作してその話に沿って曲表情を付けた義男と牧恵である。

　そして，抽出した５名それぞれの曲づくりについて次の手順で分析を行う。

　（1）言葉を発している，身体を動かしている，音を出しているという行動が，つまり，言葉と動きと音という３種類の表現媒体が２種類以上，時間的かつ内容的に連続している場面を取り出す。

　（2）取り出した場面について，1）どういう言葉，動き，音が出てくるのか，2）外的世界の何が刺激となって行動が起こっているのか，という視点を見る。

　（3）言葉，動き，音の連続性を作っているイメージがどういうものか，解釈する。

　その分析結果を基に音楽的発達の様相を明らかにする。

　以下の事例に共通する事柄として次のことがある。

1) 各自のプロフィールは，新版S-M社会生活能力検査の結果によって得
　られた発達像と，筆者の観察によって記す。

2) 青年達の発話はすべて音声として受け止め平仮名と片仮名で記す。

3) 青年達の名前は仮名とする。

第1節　曲づくりの概要

　曲づくりは1993年5月6日（第1時）から，5月10日（第2時），5月14日
（第3時），5月28日（第4時），5月31日（第5時），6月7日（第6時），6月
14日（第7時），6月28日（第8時）まで計8回行った。活動時間は，第1時
から第4時までは60分程度，第5時から第8時までは40分程度である。

　「曲づくり」とは序章で述べたように楽器の音を中心として，即興でまと
まりのある音楽作品に作り上げていく活動である。グループを組みそこで1
つの作品を作ることにした。

　活動の展開は次の通りである。

　第1時では筆者が『ころころころ』の絵本を読み聞かせた。その後，青年
達は自発的にグループを作り，そこで絵本の中から気に入った場面を1枚か
ら2枚選択した。次に選んだ場面を見て，1人ずつイメージしたことを擬音
（態）語[2]や楽器で表した。

　第2時から第4時までの前半20分程度は全員で活動した。第2時では絵本
の中の色玉になった積もりで自由に身体表現を行った。第3時と第4時では
ボールやピンポン等の転がる玉で遊んで，その表現の様態を身体で模倣し
た。

　後半40分程度は曲づくりである。先ずはグループに分かれて曲づくりを行
い，そのあと発表した。発表は，1) 表したい場面（絵）を1人ずつ擬音
（態）語等で表現し，次に2) グループで演奏し，その後，3) 表したことを
1人ずつ言葉や動作等で説明した。但し，時間の都合で1) と3) はどちらか

一方になることもあった。最後に友達の感想を聞いた。

　第5時から第8時までは全体活動は行わず曲づくりだけを行った。曲づくりの内容は第7時を除いて，第2時から第8時まで同じである。第7時では1回目の発表を録音して聞き，その後，グループで相談して第2回目の演奏を行った。

　活動の展開を表6-1として示す。

表6-1　活動の展開

活動時間	活　動　内　容
第1時	1．教師による絵本の読み聞かせ 2．曲づくり 　ア．絵本の中から気に入った場面を選択する。 　イ．選んだ場面を擬音語・擬態語で表す。 　ウ．楽器を自由に鳴らす。
第2時	1．絵本の読み聞かせ 2．絵本の中の色玉になった積もりで自由に身体表現 3．曲づくり（第7時を除いて，第2時から第8時までは下記の通りである） 　ア．グループに分かれて曲づくりをする。 　イ．発表する。 　　1）選択した場面（絵）を見て，イメージしたことを1人ずつ擬音語・擬態等で表す。． 　　2）グループで演奏する。 　　3）表したことを言葉や動作で説明する。 　ウ．友達の感想を聞く。
第3時と 第4時	1．ボールやピンポンで遊び表現の様態を身体で模倣 2．曲づくり（第2時に同じ）
第5時と 第6時	1．曲づくり
第7時	1．曲づくり1（演奏を録音） 2．曲づくり2
第8時	1．曲づくり

　活動は体育館で行った。活動人数や活動内容からみて音楽室は狭すぎると予想されたからである。

　授業は筆者が行い青年達の指導に養護学校の教員1名が付いた。筆者は曲づくりが停滞している場合に限り，青年達の音楽行動を引き出すために声を掛けたが，あとは好きなようにさせて，青年達が出してくる表現は全面的に受け入れた。

　準備物として，絵本『ころころころ』，図形楽譜（絵本を1枚ずつばらばらにしたもの），転がる玉（ボールやピンポン等），遊具（坂道や梯子等），楽器（簡易打楽器，ドラム類，オルフ楽器），ピアノ，弦楽器（ギター），リコーダー（ソプラノ，アルト）等を用意し，青年達が自由に使える場所に置いた。

第2節　曲づくりの展開と分析

　曲づくりの展開と分析について，（1）啓介，（2）貴，（3）千絵，（4）義男，（5）牧恵の順に記す。

（1）啓介の事例
　啓介のプロフィールは以下のようである。

　高等部2年生である。社会生活年齢は小学校1年生程度で，自閉的傾向がある。

　啓介の活動において言葉と動きと音が連続している場面は第1時で見られた。それをAとして示す。

　事例を通して見てみよう。

　A：「いろだま　ころころ」の場面を選び，絵の中の色玉を一つずつ指さしながら「(略)こっこっこっこっこっこっ」と等拍で言う。楽器はマラカスを選択して等拍を中心に振った（第1時）。

　この場面では，絵に描かれた色玉を順に指で辿ることで，その動きを擬音(態)語で表し，同時に等間隔の動きを音に置き換えている。ここでは色玉は単なる符号の役目を果たしているだけで，イメージが働いていないと考え

られる。また，擬音（態）語と動きは同時に出ていて，両者は未分化であると言える。

つまり，ここで見られる連続性は符号をそのまま擬音（態）語や指で辿る動きに置き換えるというものである。

以上のイメージと言葉・動き・音の連続性を表6-2として示す。横項目には場面，刺激，イメージ，言葉，動き，音を記す。縦項目には時間的経過を記す。

表6-2　イメージと言葉・動き・音の連続性

場面	刺激	イメージ	言葉	動き	音
A	絵（符号）	→（矢印）	こっこっこっこっこっ・指でたどる———→		等拍を中心とする連打

（2）貴の事例

貴のプロフィールは以下のようである。

高等部3年生である。社会生活年齢は小学校高学年程度で，知的障害の他に目立った障害はない。

貴の活動において言葉と動きと音が連続している場面は，先ず第3時と第4時，続いて第7時に見られた。それを順にA，Bとして示す。

A：ボールを転がしたり壁に投げたりして運動を行い，そのボールの様態を走って壁に突きあたる動作で模倣した。曲づくりになると，絵を見て「ころころころ（略）どかん」と言うと，気に入った木琴を選択してグリッサンド（gliss.）を反復して鳴らした（第3時）。また，ピンポンの動きの様態を観察すると，曲づくりでは絵を見て「ころころころどしゃん」と言うと，高音の連打と上行のグリッサンドを連結して鳴らした（第4時）。

この場面では，ボールやピンポンによる運動を刺激として，その様態を動きで模倣したり観察したりしている。また，絵を見て擬音（態）語を作っている。ここでは運動と絵から動的イメージが起こって，そのイメージを擬音

（態）語に表し，その言葉のリズムを音に置き換えた。そこに，リズム・パターンとその連結が表れたと考えられる。

　つまり，貴は動的イメージを擬音（態）語に置き換えて連続性を作っていると言える。

　B：絵を見て「ころころころころ（略）しゃー」と言うと，高音の連打と上行のグリッサンドを連結して鳴らした（第7時）。

　この場面では，絵を刺激として玉が転がるような動的イメージが起こったと考えられる。そのイメージを擬音（態）語に表し，擬音（態）語のリズムを音に置き換えて，リズム・パターンを連結したと考えられる。

　つまり，貴は動的イメージを擬音（態）語に置き換えて連続性を作っていると言える。

　以上のイメージと言葉・動き・音の連続性を表6-3として示す。

表6-3　イメージと言葉・動き・音の連続性

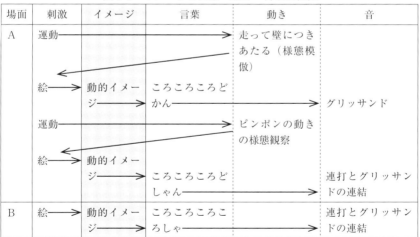

（3）千絵の事例

　千絵のプロフィールは以下のようである。

　高等部２年生である。社会生活年齢は小学校中学年程度で，ダウン症候群による知的障害の他に目立った障害はない。

　千絵の活動において言葉と動きと音が連続している場面は，先ず第３時，続いて第４時から第６時まで見られた。それを順にA，Bとして示す。

　A：ボールの運動では，ボールを片手で突いたり左右交互に突いたりした。曲づくりになると木琴を片手で鳴らしたり，左右交互に打って鳴らしたりした。そこに等拍を中心とした音が生まれてきた。尚，この経験が次の活動に繋がる場面は見られなかった（第３時）。

　この場面では，ボールを操作する動作を，そのまま木琴操作に反映させてリズム・パターンを生み出したと言える。

　つまり，運動のリズムを直接，音のリズムに結び付けている。

　E：絵を見て「なみ」「あらしや」「きらきらきらきらどかん」と言うと，小型シンバルを選択して，弾けるように（♩♪♪　♩♪　♫♫♫♫）というリズムの反復で鳴らした（第４時）。また，絵を見て「どかん　どどどど　きらきらきら（略）」と言うと，シンバルをボンゴに変更して弾けるように連打した（第５時）。更に，シンバルとボンゴのリズムを連結して鳴らした（第６時）。

　この場面では，絵を刺激として「なみ」が寄せては返し，「あらし」が起こっているような，視覚的イメージが働いた。そのイメージを自然現象を表す言葉や擬音（態）語として表した。そして，音源として「きらきら」という色彩や状態に似たシンバルと，「どどど」という音色に似たボンゴを選択し，イメージを音に反映させて鳴らした。そのことにより弾けるリズムや連打が生まれてきたと言える。また，「きらきら」と「どどど」という，２種類の擬音（態）語に対応したリズムを繋ぐと，リズム・パターンが連結したと考えられる。

　つまり，千絵は視覚的イメージを自然現象を表す言葉や擬音（態）語として出してきて，連続性を作っていると言える。

　以上のイメージと言葉・動き・音の連続性を表6-4として示す。

表6-4　イメージと言葉・動き・音の連続性

場面	刺激	イメージ	言葉	動き	音
A	運動———————————————————————→			ボールを操作する動作	
				————————————→	等拍を中心とした音
B	絵——→	視覚的イメージ——→	自然現象（なみ,あらし）,きらきらきらきらどかんどかん　どどどど　きらきら————→		音色（シンバル,ボンゴ）弾けるリズム,弾ける連打,シンバル・ボンゴのリズムの連結

（4）義男の事例

義男のプロフィールは以下のようである。

高等部1年生である。社会生活年齢は小学校中学年程度で，ダウン症候群の他に目立った障害はない。

義男の活動において言葉と動きと音が連続している場面は，先ず第3時と第4時，続いて第5時と第6時，そして第8時で見られた。それを順にA，B，Cとして示す。

A：ボールで運動を行うと，ボールの様態を走ったり跳んだりして模倣した。曲づくりになると絵を見て「ごろごろごろ」と言うと，スタンドシンバルを連打で鳴らした（第3時）。次に，ピンポンで運動を行いその様態を観察した。更に，曲づくりになると，絵を見て「ころころっとっと（略）」と言うとスネア・ドラムを選択して（以後，音源の変更はない），その言葉のリズムを反映させて繰返し鳴らした（第4時）。

この場面では，ボールやピンポンによる運動を刺激として，その事象の様態を動きで模倣したり観察したりしている。次に絵を見て擬音（態）語を作っている。ここでは運動や絵を刺激として，転がったり跳ねたりしている

ような，動的イメージが起こったと考えられる。そのイメージを擬音（態）語に表して，その音色に似たスネア・ドラムを選択し，擬音（態）語のリズムを音に置き換えて，リズム・パターンを生み出したと言える。

つまり，義男は動的イメージを擬音（態）語という言葉に置き換えて，連続性を作っていると言える。

３：絵を見て「ぐるぐるぐるぐる（略）（cresc. クレッシェンド）　ぐるぐるぐるぐる（略）（cresc.）　ひゅーしゅわ　ぷー（decresc. デクレッシェンド）」と言うと，スネア・ドラムでクレッシェンドの連打が２回，最後の方をデクレッシェンドしていく等拍，一呼吸おいて単発音，という部分を連結して鳴らした（第５時と第６時）。

この場面では，絵を刺激としてぐるぐる回ったり空気が抜けていったりするような，動的イメージが起こったと考えられる。そのイメージを擬音（態）語に表し，その言葉のリズムやダイナミックスを音に置き換えて，リズム・パターンの連結や強弱のある音を生み出したと言える。

つまり，義男は動的イメージを擬音（態）語に表して連続性を作っている。

Ｃ：絵を見て「かみなりでここのとめで（絵を指さして）あなあいて」というストーリーを創作した。そして，クレッシェンド（cresc.）の連打，「さいごのしあげだ」という掛け声と動き，「こりゃ」という掛け声とフォルテ（f）の単発音を繋いで作品を作った。動きとは，梯子に登って飛び降り，周辺を丸く一回りするという動作であった。

この場面では，絵を刺激としてストーリー性のあるイメージが起こった。そのストーリーに対応して楽器を鳴らすと，ダイナミックスの変化が生まれてきた。しかし，ストーリーの内容を音で表し切ることは難しかった。そこで，自分が雷になって高所から飛び降り地面に穴をあける，というストーリーに沿う動きを使って表した。そこに，掛け声と写実的な動きと音による総合的な作品が生まれてきたと言える。

つまり，義男はストーリー性のあるイメージを言葉に表して連続性を作っ

表 6-5　イメージと言葉・動き・音の連続性

場面	刺激	イメージ	言葉	動き	音
A	運動			走る跳ぶ（様態模倣）	
	絵	動的イメージ	ごろごろごろ		連打
	運動			ピンポンの動きの様態観察	
	絵	動的イメージ	ころころっとっと		音色（スネア・ドラム），ころころっとっとのリズム
B	絵	動的イメージ	ぐるぐるぐる(cresc.) ひゅーしゅわぷ-(decresc.)		ダイナミックス，クレッシェンドの連打・デクレッシェンドの等拍・単発音の連結
C	絵	ストーリー性のあるイメージ	ストーリー「かみなりでここのとめであなあいて」		ダイナミックス（フォルテ）
			掛け声「さいごのしあげだ」・写実的動き・掛け声「こりゃ」・音による総合的作品		

ていると言える。

　以上のイメージと言葉・動き・音の連続性を表6-5として示す。

（5）牧恵の事例

　牧恵のプロフィールは以下のようである。

　高等部2年生である。社会生活年齢は中学校1年生程度で，病弱による軽度の知的障害の他に目立った障害はない。

　牧恵の活動において言葉と動きと音が連続している場面は，先ず第3時，

続いて第4時，更に第7時-1と第7時-2から第8時まで見られた。それを順にA，B，C，Dとして示す。

　A：壁にボールを投げ掛けて運動を行い，そのボールの様態を走って壁に突きあたる動きで模倣する。曲づくりになると絵を見て「ころころころころどかん」と言うと，木琴を選択してグリッサンドを数回鳴らし，その後，「いっぱつ」と声を掛け，走って壁に突きあたる動作を行った（第3時）。

　この場面では，ボールの運動の様態模倣や絵を刺激として，転がったり物に突きあたるような動的イメージが起こったと考えられる。そのイメージを擬音（態）語に表した。そして，「ころころ」という擬音（態）語の音色に似た木琴を音源として選択し，「ころころ」というまとまりをグリッサンドに置き換えて，リズム・パターンを生み出したと言える。しかし，その内容を音で表し切ることは難しかった。そこで，壁に突きあたる身体の動きを使った。そこに，掛け声・写実的な動作・音を一体とした作品が表れたと言える。掛け声は気勢をあげ，仲間と揃えようとしたところに生まれてきたと言える。

　つまり，ここで見られる連続性は，動的イメージを擬音（態）語に置き換えるというものである。

　B：絵を見て「なみやろ」「あらし」と言うと，金属製マラカスと立奏用シンバルを選択して，金属製マラカスで「なみ」のリズムを，シンバルで等拍を作り，これら2種類のリズムを連結して鳴らした。金属製マラカスは擦るのではなく，腕に抱えて全身を前方に倒してゆっくり起きあがる，という波の律動を表すような動作を行いながら鳴らした。そのことによりざ〜ざ〜という波のようなリズムが生まれてきた（第4時）。

　この場面では，絵を刺激として「なみ」が寄せては返すような視覚的イメージが起こったと考えられる。そこで，音源として波の音色に似た金属製マラカスを選択し，腕に抱えたまま「なみ」の律動を表す動きに置き換えた。そこに，「なみ」を連想させる一まとまりのリズムが生まれてきたと言

える。また，「なみ」と「あらし」という現象の配列通りに，それぞれに対応するリズムを繋いで鳴らすと，リズム・パターンが連結したと考えられる。

つまり，牧恵は視覚的イメージを自然現象（波）を表す動きに結び付けて，連続性を作っていると言える。

Ｃ：絵を見て「なみみたいになって　たまがみずたまりにおちたようなふんいき」と言うと，全体的に弱音で鳴らした（第7-1時）。

この場面では，絵を刺激としてストーリー性のあるイメージが起こった。そこでこれに対応してシンバルを鳴らすとダイナミックス（弱音）の変化が生じてきたと考えられる。

つまり，牧恵はストーリー性のあるイメージをお話に置き換えて連続性を作っていると言える。

Ｄ：牧恵は作った音を聴いて，新たにトライアングルを加えることにした（第7-2時）。曲づくりになると，絵を見て「しゃー　どんどんどんどん　（金属製マラカスとトライアングルを指し）ちんちん　きらきら」と言うと，金属製マラカスを1回揺する・シンバルを毛糸を巻いたマレットで打つ・トライアングルを打つ・シンバルを強打するという曲を作った（第8時）。

この場面では，金属的な音等，様々な音色が聞こえてくるような音響的イメージが起こったと考えられる。そのイメージを擬音（態）語に表し，擬音（態）語の音色に似た音色を作ろうとした。そこに，金属製マラカスによる「しゃー」，シンバルによる「どんどん」，トライアングルによる「ちんちん　きらきら」という音が生まれてきたと考えられる。

つまり，牧恵は音響的イメージを擬音（態）語に表して連続性を作っていると言える。

以上のイメージと言葉・動き・音の連続性を次頁に表6-6として示す。

表6-6　イメージと言葉・動き・音の連続性

場面	刺激	イメージ	言葉	動き	音
A	運動			走って壁に突きあたる（様態模倣）	
	絵	動的イメージ	ころころころころどかん		音色（木琴），グリッサンド
			グリッサンド・掛け声「いっぱつ」・写実的動作		
B	絵	視覚的イメージ	現象（なみ，あらし）	波の律動を表す動き	波のリズム，金属製マラカス・シンバルによる等拍の連結
C	絵	ストーリー性のあるイメージ	ストーリー（なみみたいになってたまがみずたまりにおちたような）		ダイナミックス（弱音）
D	絵	音響的イメージ	しゃーどんどん　ちんちん　きらきら		音色（金属製マラカス・シンバル・トライアングル等）

第3節　考察

　以上報告してきた曲づくりの分析結果より，言葉と動きと音の表現媒体の結合に見られる音楽的発達の様相を整理する。

　5人の青年達の場合，表現媒体の結合の様相として，大きくは次の（1）から（3）までの姿が認められた。

　（1）「言葉（擬音語）と動き」の未分化なものと音（リズム・パターン）が

結び付いている。ここではイメージは働いていない。

　それは啓介の事例に見られた。啓介は絵に描かれた色玉を符号的に捉えて，順に指で辿りながら「こっこっ」と表すと同時に，その等間隔の動きをマラカスの操作に置き換えて，等拍のリズムを生み出したのであった。

　（2）動きと音が結び付いている。ここでは1.動作をそのまま楽器操作に置き換えて音〔リズム・パターン〕を作る場合と，2.「なみ」等の現象が持つ動きをリズムに反映させて音〔リズム・パターン〕を作る場合が見られた。前者についてはイメージは介在していない。後者については視覚的イメージが働いている。

　1.の事例は千絵の曲づくりで見られた。彼女はボールを等拍で突くと，その運動のリズムを丸ごと木琴操作に反映させて，等拍のリズムを生み出したのである。

　2.の事例は牧恵の曲づくりで見られた。彼女は絵から「なみ」が動いている様子をイメージすると，金属製マラカスを両手に抱えて波の律動を模する動きを行った。そこにざ～ざ～という「なみ」のような一まとまりのリズムが生まれてきたのである。

　（3）言葉と音が結び付いている。言葉としては1.擬音（態）語と，2.ストーリーを使っている。ここではa.視覚的イメージ，b.動的イメージ，c.音響的イメージ，d.ストーリー性のあるイメージが起こっている。

　1の擬音（態）語については，多様なイメージが起こると擬音（態）語に表して，その言葉のリズム，響き，音色，ダイナミックスの特徴を一種の音楽として捉えて音で再構成した。具体的には擬音（態）語のリズムをリズム・パターンやその連結に，擬音語から連想される音色や色彩を音色に，擬音（態）語で表したダイナミックスを音の強弱に結び付けていったのである。

　ここではa，b，c，のイメージが起っているので順番に説明していく。

　a.視覚的イメージは擬音（態）語と音（音色，リズム・パターン，リズム・パターンとその連結）との結び付きを作っている。

　それは千絵の事例で見られる。彼女は絵を見て視覚的イメージが起こると，それを「どどどどきらきらきら」と表し，「きらきら」という色彩に似たシンバルと，「どどどど」という音色に似たボンゴを音色（音源）として選択して，「どどど」と「きらきら」という２種類の擬音（態）語に対応したリズムを繋いで鳴らしたのである

　b. 動的イメージは擬音（態）語と音（リズム・パターンとその連結，音色，ダイナミックス）の結び付きを作っている。

　それは貴，牧恵，義男の事例で見られる。

　貴の場合，絵を見て動的イメージが起こると，「ころころころどしゃん」と表し，その言葉のリズムを木琴の連打とグリッサンドに置き換えてリズム・パターン（の連結）を生み出したのである。

　牧恵は絵を見て「ころころ」と表すと，その擬音（態）語の音色に似た木琴を音色として選択し，擬音（態）語の一まとまりをグリッサンドに置き換えてリズム・パターンを生み出している。

　義男は絵を見て「ぐるぐるぐるぐる（cresc.）」と言うと，そこにあるクレッシェンド（だんだん強く）の強弱表現をスネア・ドラムの奏法に生かして，曲に表情を付けた。

　また，動的イメージは擬音（態）語と３者の媒体の一体化（言葉と動きと音）との結び付きも作っている。

　事例では，牧恵は動的イメージを「ころころころころどかん」と表したが，音で表し切れなかった。そこで，木琴をグリッサンドすると，掛け声を掛けて，走って壁に突きあたる，という作品として表したのである。

　c. 音響的イメージは擬音語と音（音色）の結び付きを作っている。

　それは牧恵の事例で見られる。

　牧恵は音響的イメージが起こると，「しゃー　どんどんちんちん　きらきら」と表して，その擬音（態）語の音色を音で写し出そうとした。そこで，「しゃー」に対応した金属製マラカスは擦る，「どんどん」に対応したシンバ

ルは毛糸を巻いたマレットで打つという工夫を凝らした。そして，言葉の配列通りに，金属製マラカスを擦り，次にシンバルを打ち，続いて「ちんちん　きらきら」に対応したトライアングルを鳴らして，3種類の音色を繋いで表したのである。

　次に，2.のストーリーについて整理する。

　ここでは d. ストーリー性のあるイメージが起こっている。そのイメージを小さなお話し（自然現象，音響，状況等）として表し，その意味・内容を酌み取って音で表そうとした。そのことが音，特にダイナミックスの使用に繋がってきた。

　事例では，義男は「かみなり」をイメージすると，その音響を写実的に表そうとしてスネア・ドラムによるフォルテの単発音を生み出している。牧恵は「みずたまり」という現象をイメージすると，立奏用シンバルを弱音で鳴らしたのである。

　また，ストーリー性のあるイメージは，ストーリーと3者の媒体の一体化（掛け声・動き・音）との結び付きを作っている。

　それは義男の事例で見られる。

　彼は「かみなりであなあいて」という内容を写実的に表そうとしたが，音で表し切れなかった。そこで掛け声・動き・音を使って表して，その結果，総合的な作品を生み出したのである。

　以上の分析結果を発達的視点から捉え直すと，次の5段階の様相として示すことができる。

　①段階では，言葉と動きの未分化なものと音（リズム・パターン）が結び付いている。イメージは介在していない。②段階になると，言葉と動きは分離する。そして，動きと音（リズム・パターン）が結び付いているが，イメージは介在していない。③段階では，動きと音（リズム・パターン）が結び付いていて，この段階から視覚的イメージが働くようになる。④段階では，擬音

（態）語と音（リズム・パターンとその連結，音色，ダイナミクス）が結び付いて，ここでは多様なイメージ（動的イメージ，視覚的イメージ，音響的イメージ）が働いている。イメージが音で表し切れない場合は，擬音（態）語と掛け声・動き・音の一体化した表現として表れてくる。⑤段階では，ストーリーと音（ダイナミックス）が結び付いている。この段階になるとこれまでのイメージを統合したストーリー性のあるイメージが働くようになるのである。イメージが音で現し切れない場合には，掛け声・動き・音の一体化した表現として現われてくる。

　以上の結果を見たとき，表現活動においてはイメージが重要な役割を果たすことが分かる。イメージによって表現は推進されていく。青年達の豊かなイメージを引き出すためには，音楽活動と言えども身体を動かし，五感を働かせて対象の質を捉えさせ，把握したことを呟きや擬音語や短いストーリー等の言葉で表現させ，イメージと音楽との相互作用を発展させていく取り組みが重要になる。そこで音楽作品もイメージも作り替えられていき（変化する），子どもの内面の成長が成し遂げられると考えるのである。

注
(1)　元永定正『ころころころ』1988　福音館書店
　　　絵本には色玉が「でこぼこみち」や「しゅうてん」や「いろたまころころ」等の道を，「ころころころ」と転がっていく様子がシンプルに，そして，色彩豊かに描かれている。
(2)　擬音語・擬態語については，以後，擬音（態）語として記す。

第Ⅲ部　知的障害のある青年達の
表現活動を成立させる諸要因

　第Ⅱ部では，知的障害のある青年達の言葉・動き・音楽による表現の諸相を見てきたが，改めて曲づくり・動きづくりを振り返ってみると，仲間との関わりが重要な意味を持っていたと思われる。他者と関わることで活動が楽しく活発になり，新たな発想を得て表現が進展していく様子が見られたのである。

　そのことを受けて，第Ⅲ部では青年達が主体となって活動し，そこで満足感が得られる授業を成立させるための要件について，特に，他者との関わりに焦点をあて，１．動きづくりに見られるコミュニケーションの成立，２．仲間と共に学ぶ「楽しさ」の質の変容，という２点から探ってみることにしたい。

第7章　動きづくりに見られる
コミュニケーションの成立
──「《ジャングルの太鼓》の曲に動きを作ろう」の事例分析──

はじめに

　　知的障害のある青年達の曲づくり・動きづくりを観察していると，仲間同士でコミュニケーションを成立させている場面では楽しそうな笑いが起こり，活動が活発になっていることに気づく。また，コミュニケーションが成立することは，仲間の考え方や感じ方を知り，そこで自分を表現することによって，無意識的ではあろうが自己認識する機会になるため，青年達の音楽的発達にとって重要な意味を持つと言える。

　　では，コミュニケーションとは何か。コミュニケーション学の鍋倉健悦は，「2人以上の人間が互いの存在を認識しあった時に発生し，そこから進行していくメッセージ交換のプロセスである」[1] と言う。それは言語や文字や五感（視覚，聴覚，触覚，臭覚，味覚）に訴える様々なものを媒介として行われる。本章では言葉や音楽（楽器や音楽における様々な要素），音声，動作，表情（ほほえみ等）を媒介として行われる感情や思考の交換をコミュニケーションと捉えることにする。

　　一方，障害児のコミュニケーションの状況について考えてみた場合，米国の音楽療法士のウイリアム .B. デイビス（William B. Davis）は「知的発達遅滞児・者の持つ最も深刻な問題は，コミュニケーションにおける能力の限界である」[2] と言う。筆者の体験からも，彼らに自発的な関わり合いを期待するならば指導上の工夫や指導者の適切な支援が不可欠であると考える。

　では，知的障害のある青年達の表現活動におけるコミュニケーションはどのような状況にあるのだろうか。そして，彼らはどういう条件を整えればコミュニケーションを成立させることができるのだろうか。それを明らかにすることは，教師がどういう支援を行えばよいのかを考える上で必要になってくる。

　そのことを受けて，本章では表現活動における教師及び，生徒間のコミュニケーションの成立条件を明らかにすることを研究目的とする。

　研究方法は次の通りである。

　分析対象として，1998年5月21日から6月26日まで計6回行った，「《ジャングルの太鼓（高見英作詞　越部信義作曲）》の曲に動きを作ろう」という活動の記録を用いる。この表現活動には音楽の授業を選択する1年生から3年生（16歳から18歳まで）までの，男女8名が取り組んでいる。障害の程度は重度知的障害のある青年が3人，中・軽度知的障害のある青年が5名である。彼らには動きづくりの経験はない。

　活動では伸男と健一（いずれも仮名）をリーダーとする2つのグループが生まれてきたので，ここでは別々のグループに属するこの2人を中心に，コミュニケーションの有り様を見ていく。具体的には，上記に記述した授業過程をビデオで録画しこれを筆録し，コミュニケーションの発展，及びコミュニケーションの成立条件という視点から分析・考察する。

　分析するにあたっては，1）各自のプロフィールを新版S-M社会生活能力検査の結果と，筆者の観察を通して記す，2）青年達の発話はすべて音声として受け止め平仮名と片仮名で記す，3）青年達の名前は仮名とする。

第1節　動きづくりの概要

　「動きづくり」とは序章で述べたように，既成の曲を聴いてその特徴や気分を感じ取り，身体表現によって即興でまとまりのある作品に仕上げていく

活動ある。グループ活動としてそこで1つの作品を作ることにした。

教材として扱った《ジャングルの太鼓》という曲は，ジャングルに響くトーキングドラムをイメージして作られた子どもの歌である。この曲を選択した理由として，リズミカルで動きを誘発しやすいことや，太鼓でリズム奏している部分が印象的で，特に青年達は太鼓に興味を持っているので喜んで取り組むであろう，と予想されたことがある。

動きづくりに使用したＣＤは，青年達の動きが歌詞のイメージに左右されないように，歌のない楽器演奏によるものにした。

実践は1998年5月から6月（5月21日，5月29日，6月5日，6月10日，6月19日，6月26日）までに6回行った。1回の活動時間は約100分程度（休憩も含む）である。

動きの内容はジャングルに関することとした。100分の活動の前半は主に一斉授業として，後半は動きづくりを行った。

前半の活動は次の通りである。

イメージを膨らませるために，ジャングルの動物や自然に関する書籍やビデオを見た。また，動きづくりを体験するために，全員で円になり曲に合わせて自由に身体を動かす活動を取り入れた。ここでは教師がリードして，仲間が作る動作の模倣を行い，曲に合わせて次々これらの動作を繋いでいく方法をとった。更に，ジャングル作りという構成活動を行った。それは，各自が自由にジャングルの絵を描き，これらをパーツとして持ち寄って音楽室の壁に貼り，床には段ボールで作った木や和太鼓やスカーフで作った肉片を置いて，教室をジャングルに作りかえるという活動である。教室の装飾は青年達が中心になって行った。

また，曲の理解を助けるために，《ジャングルの太鼓》の曲に合わせて自由に打楽器を鳴らしたりもした。

後半の動きづくりは次の通りである。

先ずはグループに分かれて動きづくりを行い，その後，発表した。発表後

は，何を表したのか1人ずつ言葉や動作で説明し，最後に友達の感想を聞いた。

　活動の具体的な展開を記す。

　第1時では動きづくりについての説明を聞き，その後，4名から5名までによるグループ作りを行った。障害の重い青年については教師や仲間が声を掛けて参加を促したが，その他の青年達は自発的に組になった。その後，《ジャングルの太鼓》の曲に合わせて，自由に打楽器を鳴らし身体を動かした。

　第2時から第6時までの活動は次の通りである。

　前半は，ジャングルに関する図鑑や書籍を見る（第2時と第3時），曲に合わせて自由に打楽器（和太鼓中心）を鳴らす（毎時間），全員で曲に合わせて身体を動かし教師のリードで仲間の動きを模倣し，これらの動きを繋いでい

表7-1　活動の展開

活動時間	活　動　内　容
第1時	1．動きづくりの説明を聞く 2．グループづくり 3．《ジャングルの太鼓》の曲に合わせて打楽器を自由に鳴らし身体を動かす
第2時から第6時まで	1．（前半）全員で活動 ・ジャングルの動物や自然に関する図鑑や書籍を見る。 ・曲に合わせて自由に打楽器（和太鼓中心）を鳴らす。 ・円になって曲に合わせ全員で身体を動かし，教師のリードで仲間の動きを模倣する。そして，これらの動きを繋いでいく。 ・ジャングルの構成活動を行う（絵を描く。段ボールで木等を作る。教室をジャングルに見立てた装飾を行う）。 2．（後半）動きづくり ・グループに分かれて動きづくりをする。 ・発表する。 　1）グループで曲に合わせて動く。 　2）表したことを言葉や動作等で1人ずつ説明する。 ・友達の活動の鑑賞，及び，意見交換を行う。

く（第3時から第6時まで），ジャングルの構成活動を行う（第4時から第6時），という内容である。

後半は動きづくりである。

活動の展開を142頁に表7-1として示す。

活動は音楽室で行った。

授業は筆者が中心になって，他の2名の教員が主に障害の重い青年達に付いた。

指導方針として，青年達が出してくる表現はすべて肯定的に受け入れ，「こんな風に動こう」という表現に関する指示は一切しなかった。但し，青年達が自発的に動きを作り出すまで，教師は「どんな動物が出てきたの？」「象は何をしてるの？」等と質問を行い，一緒に身体を動かして彼らの行動を引き出すことに努めた。

準備物として，ＣＤ，和太鼓，制作物等を用意した。

第2節　コミュニケーションの分析

動きづくりに取り組んだ青年達のプロフィールは次の通りである。
伸男グループ

伸男は高等部1年生（16歳），社会生活年齢は小学校高学年程度で，知的障害の他に目立った障害はない。何事に対しても自信がなく消極的である。グループ仲間は恵と真子と桃子で，彼女らの社会生活年齢は小学校中・高学年程度である。
健一グループ

健一は高等部1年生（16歳），社会生活年齢は小学校高学年程度で，知的障害の他に目立った障害はない。何事に対しても自信がなく，特に自分の思いを言葉で表現することは苦手である。グループ仲間は弘信と克子と修介で，彼等の社会生活年齢は2歳から4歳程度である。

　この活動全般をコミュニケーションの主体という観点から眺めてみると，大きくは次の6段階に分けることができる。（1）主に教師と青年，（2）教師を媒介に青年同士，（3）青年同士（1対1），（4）同一グループの青年同士，（5）異なるグループの青年同士（一部），（6）異なるグループ間の青年同士（全員），という段階の可能性がある。この段階に即して，それぞれの青年の活動の実際を述べ，そこでのコミュニケーションの有り様を，①誰から誰へ，②どのような意図で，③何を媒体として，④どのような形態で働きかけた結果，⑤相手にどのような変化が生じたのか，という視点より分析する。尚，前述のコミュニケーションの定義により，相手を意識し，伝えたいという意図を持って，媒体を通して相互に反応し合っている場面を，コミュニケーションを行っていると判断する。

（1）主に，教師と青年がコミュニケーションを成立させた場面

　この場面は第1時から第3時までの活動で見られた。

　事例を通して説明する。

　伸男グループでは，伸男は桃子とグループを組んだが，動き方が分からず戸惑うばかりだった。そこで教師が「（ビデオで見たジャングルには）何がいたの？」と質問すると，2人は「ぞう」と応えた。次に教師が「象どんなん？」と質問すると，伸男は手を少し動かして象の鼻の動きを作った。教師はこの動作を大きく取り上げて「何を表すの？」と質問すると，伸男が少し手を動かして「くさたべてる」と応えた。更に，教師が「草食べる様子するよ」と言って，床の近くで大きく手を動かすと伸男達も真似た。教師が「草そんな上にないよ」と言うと，2人は床の近くで手を大きく動かした。このようにして，3人で《ジャングルの太鼓》の曲の拍に合わせて「ぞうがくさをたべてるところ」という動きを作った。尚，途中から真子と恵がグループに合流したいと言ったので4人組になった。

　健一グループでは，健一は障害の重い弘信と仲間を組んだ。動きづくりで

は，教師は健一に「何になるの？」と質問すると，彼は「らいおん」と応え
た。教師は「先生は虎」と言って四つ這いで健一を追いかけると，彼は「ら
いおん」の振りをして逃げた。次に教師は「弘信君が寝てるよ」と指さす
と，健一は弘信をじっと見つめた。そこで教師と健一はライオンの振りをし
て弘信を捕まえに行った。弘信は嬉しそうに笑っていた。更に教師は障害の
重い修介や克子の側に座り，健一に彼らの存在に気づかせた。健一は彼らを
じっと見つめていたが，そのうちに，《ジャングルの太鼓》の曲をバック
ミュージックとして聞きながら，「らいおん」の振りをして彼らを捕まえに
行った。修介は喜んで逃げ，克子は笑っていた。そこに健一，弘信，修介，
克子という 4 人のグループが形成された。

　（1）の段階におけるコミュニケーションは表 7-2 のように成立したと考
えられる。

表 7-2　コミュニケーションの成立

誰から誰へ	意図	媒体	形態	相手に生じた変化
教師が伸男達に	記憶を呼び覚ます	言葉	質問	言葉で応答
教師が伸男に	動作を呼び起こす	言葉	質問	動作で応答
教師が伸男に	動作を意識化	言葉	質問	言葉と動作で応答
教師が伸男達に	動作を引き出す	言葉	呈示	動作を模倣して受け入れる
教師が伸男達に	動作を引き出す	言葉と動作	情報	動作を模倣して受け入れる
教師が健一に	動作を呼び起こす	言葉	質問	言葉で応答
教師が健一に	動作を引き出す	動作	呈示	動作で応答
教師が健一に	仲間の存在に気づかせる	言葉と指さし	呈示	見つめる
教師と健一が弘信に	仲間と関わる	動作	呈示	笑う
教師が健一に	仲間の存在に気づかせる	動作	呈示	見つめる
教師が仲間に	呼びかける	動作	演じる	動作で応答 笑って逃げる。這う

　この段階では，主に教師から青年達へという働き掛けになっている。媒体としては言葉と動作の両者を補い合って使っている。教師は質問によって青年達の記憶を呼び起こし，その動物の特徴的な動き方を呈示して，その動物のイメージを形成させていると言える。その結果，伸男は象が草を食べているところの断片的な動きをリズムに合わせて作り出した。

　そのことに加えて教師は健一とのコミュニケーションでは，他の青年達の存在を意識させている。そのことによって健一は他の青年に対して動物を演じるようになった。健一に襲われた青年はこれに対応する動作（逃げる）や表情（笑う）で応答した。そこに健一と仲間とのコミュニケーションが起こったと判断する。

（2）教師を媒介に青年同士がコミュニケーションを成立させた場面

　この場面は第3時と第5時で行われた，仲間の動きを模倣する活動で見られた。青年達は円になり曲に合わせて全員で自由に動いていた。教師は彼等が何気なく行っている動作を取り上げて，「〇〇君の（動作）が面白い」と言いながら，その動作を誇張して模倣すると全員がそれを真似た。また，青年達は自分の動作も真似てほしいと言わんばかりに大きな身振りで動き出した。伸男は手を腰にあて2拍子で足を交互に動かしている。健一は両手をばたばた忙しなく動かしている。これらの動作が目立ったので教師が取り上げてやると，仲間がこれらの動作を模倣したのでここでは曲に合わせてみんなの動作が繋がっていった。尚，教師は曲の区切りで取り上げる動作を変更させていった。

　（2）の段階におけるコミュニケーションは，次頁の表7-3のように成立したと考えられる。

　この段階では，教師と青年がコミュニケーションを交わしている。教師は青年達に仲間の動作を模倣させようと，言葉と動作を媒介に仲間の動作を呈示している。青年達はその動作を模倣することで仲間を受け入れている。同

表 7-3　コミュニケーションの成立

誰から誰へ	意図	媒体	形態	相手に生じた変化
教師が青年に 青年は教師に	仲間の動作を模倣させる 仲間に伝えてほしいと要 求	言葉と動作 目立つ動作	呈示 呈示	動作を模倣し受け入れる 言葉と動作を模倣して受 け入れる みんなの動作が繋がる 曲の区切り

時に，自分のメッセージも伝えてほしいと，教師に目立つ動作で呈示している。教師が青年達の要求を言葉と動作で受け入れた結果，曲の区切りで仲間の動作が繋がっていった。

（3）青年同士（1対1）がコミュニケーションを成立させた場面

　この場面は第4時の曲に合わせて自由に踊る場面で見られた。伸男が「けんいちくん」と呼ぶと，健一が踊りの輪の中に出てきて和太鼓の周りをスキップし始めた。伸男も健一の後に付いてスキップを始めた。伸男が曲の区切りで方向転換すると，健一もあわてて方向を変えた。その動作を繰り返し行っているうちに伸男と健一の追いかけ合いのような動きになった。伸男は最初，曲の拍に合わせて歩いていたが次第に速く歩き，終いには走って健一を追いかけたのである。健一は笑って逃げていた。

　また，健一が教師とスキップしていると，伸男もスキップしながら加わってきた。桃子も出てきてスキップを始めた。弘信も側でとび跳ねている。教師がスキップの輪から抜け出しても青年達だけで踊り続けていた。ここでは拍に合わせてスキップし，シンコペーションが印象的なフレーズで和太鼓を打つ即興の動きが生まれてきていた。

　（3）の段階におけるコミュニケーションは，次頁の表 7-4 のように成立したと考えられる。

　この段階では，教師が介在することなく青年同士の働き掛けが起こってい

表7-4　コミュニケーションの成立

誰から誰へ	意図	媒体	形態	相手に生じた変化
伸男が健一に	２人で踊ろう	言葉	誘う	動作で受け入れる
健一が伸男に	動き方を知らせる	動作	呈示	動作を模倣して受け入れる
伸男が健一に	動き方の変化を知らせる	動作	呈示	動作を模倣して受け入れる
伸男が健一に	動き方（追いかけるぞ）	動作	呈示	笑って逃げる動作で応答
	を知らせる			２人協同で拍に合わせて追い
				かけっこ
				曲の区切りで方向転換
伸男が健一に	一緒に踊ろう	動作	呈示	動作で受け入れる
桃子が伸男に	一緒に踊ろう	動作	呈示	動作で受け入れる
弘信が伸男達に	一緒に踊ろう	動作	呈示	動作で受け入れる
				即興の動き

る。媒体として動作を用いている。伸男と健一は動き方を動作で呈示し合い，その動作を模倣して受け入れている。その動きを繰り返すうちに，伸男が追いかけるぞという意思を動作で呈示し，健一が逃げる動作で応答した。その結果，２人協同の追いかけ合いの動きが生まれてきた。それは拍に合わせて曲の区切りで方向変換するという動きであった。またこの時期，青年達の間には仲間と一緒に踊りたいという欲求が出てきて，動作を媒体として模倣としてのコミュニケーションを行うようになっている。その結果，即興の動きが生まれてきた。

（４）同一グループの青年同士がコミュニケーションを成立させた場面

　この場面は第３時と第５時の動きづくりで見られた。伸男グループでは仲間４名が集まって，伸男の「なかまわり（中回り）」「はんたいまわり（反対回り）」という掛け声や歩行に合わせて動き出した。一斉に太鼓の回りを歩き，一旦，止まって伸男のステップを模倣し，次に真子のステップや手拍子を模倣する，という仲間が行う断片的な動作を次々繋いで動きを作っていった。恵みは終止の場面でくるっと一回りしている。伸男はみんなで作ったこ

の動きに対して「じゅうにん（住人）」というお話を付けた。尚，彼らは曲の区切りを意識して動作を変化させようとしていた。

　健一グループでは，鈴を持って跳ねている弘信の後を健一が追いかけている。曲の拍に合わせて追ったり，曲の区切りでライオンの振り（四つ這い）をして捕まえたりしている。弘信は健一の方を振り返って笑い，追われると逃げた。ここでは追う者と逃げる者という2人協同の動きが生まれてきた。更にこの時期，教師は健一に「（弘信が動けなくなるから）仲間を捕まえないで」と提案すると，健一は弘信を見詰めるだけにして1人で踊った。弘信は健一が追いかけて来ないので期待がはずれ席に戻ってしまった。

　（4）の段階におけるコミュニケーションは，表7-5のように成立したと考えられる。

表7-5　コミュニケーションの成立

誰から誰へ	意図	媒体	形態	相手に生じた変化
伸男と仲間は	動き方を知らせる	動作や言葉	呈示	互いの動作を模倣して受け入れる 曲の区切りで動作を繋ぐ 住人のストーリー
健一は弘信に	動き方を知らせる	動作	呈示	動作や模倣で応答 曲に合わせて2人で協同で追いかけっこ
健一が弘信達に	変更を知らせる	動作	呈示	拒否

　前段階では個人間のコミュニケーションが生まれていたが，この段階になるとグループ仲間とのコミュニケーションが起こっている。伸男と仲間は動き方を主に動作（伸男は言葉も使用）で呈示し合い，互いがその動作を模倣し合って受け入れていく。前回に仲間の模倣を行う中で自分の動作が出せるようになり，それを模倣し合って繋いでいった体験が生かされたと考えられる。その結果，曲の区切りで仲間の動作を繋いでいく動きと，その動きに対して「じゅうにん（住人）」というイメージを持つストーリーが生まれてき

た。

　また，健一と弘信の間には，健一が動き方や動き方の変更を動作で呈示する。，弘信も動作や表情で応答したり，健一の呈示を拒否したりする関わり合いが生じている。そのことによって曲に合わせて2人協同で追いかけ合いをする動きが生まれてきた。

（5）異なるグループの青年同士（一部）がコミュニケーションを成立させた場面

　この場面は第6時前半の動きづくりで見られた。この日，恵と真子が授業を欠席していたので活動は停滞していた。そこで教師は「ここはジャングル。ライオンや住人がいる」と解説して，意図的に伸男グループと健一グループ間の関わりを付けるようにした。また，互いのグループの動きづくりを鑑賞し合って意見を求めた。鑑賞場面では，伸男が「ゆっくりあし（足）ひっぱってあるいているところらいおんらしかった」と評価すると，健一は満足そうに頷いていた。

　動きづくりになると，伸男は健一に「らいおん」と呼びかけた。そして伸男達の「じゅうにん（住人）」は健一が演じる「らいおん」を囲んで，様子を伺いながら歩いた。ここでは手足でリズムを取っていた。「らいおん」は「じゅうにん」達が見守る中で這ったり置物の餌を食べたりしていた。この場面では2つのグループが異なる一連の動作を重ねていたので，シンプルな動きの2重奏が生まれていた。

　次の動きづくりでは，伸男が活動を振り返り「らいおんもっとうごく」と提案したので，これを受け入れた健一は曲の盛り上がる部分で伸男を「がおー」と叫んで襲った。驚いた伸男は手で銃の形を作って「ばんばん」と撃ったので，ライオンは拍に合わせて一旦，仰向けに倒れたが，再び起き上がった。そこで伸男は木でライオンを打った。その横で桃子は拍に合わせてスキップしていた。伸男はこの動きに対して「らいおんがり」というお話を

付けた。この動きを見ていて，筆者は原初的な舞踊が生まれてきているという印象を持った。

（5）の段階におけるコミュニケーションは，表7-6のように成立したと考えられる。

表7-6　コミュニケーションの成立

誰から誰へ	意図	媒体	形態	相手に生じた変化
教師が青年に	グループ間の関わりを付ける	言葉	解説 意見	言葉で誘う
伸男が健一に	評価する	言葉	評価	満足
伸男が健一に	一緒に踊ろう	言葉と動作	誘う	動作で受け入れる
伸男達は健一に	一緒に踊ろう	動作	呈示	動きの2重奏
伸男が健一に	もっと面白く	言葉	呈示	相手の意図を動作で応答
伸男達と健一は	想像を巡らす	動作や擬音語	提案 演じる	曲の盛り上がりで襲う ストーリーの誕生 原初的な舞踊

　前段階までは同じことを一緒に行う模倣中心の動きであったが，この段階になると「じゅうにん」と「らいおん」という異なる役柄を合わせようとするコミュニケーションが起こっている。それには教師が果たす役割が大きい。教師は言葉を媒体にジャングルという場面の解説を行ったり，相手の動きに対する意見を求めたりしている。青年達も言葉を媒体に相手を評価したり誘ったりしている。そこから，異なるグループの青年達複数による動きづくりが始まった。先ずは一緒に踊って動きの2重奏を生み出していくのである。

　更に，ストーリーが誕生し，これに沿った動作や擬音語によるコミュニケーションが起こってくる。ここではイメージを膨らませ個々のイメージを繋いでいく上で，言葉が重要な役割を果たしている。伸男は面白くしたいという欲求を持って，言葉を媒体に健一に伝えている。健一はその意図を酌み取って，曲の盛り上がりで「がおー」と言いながら襲う動作で受け入れてい

る。そこに、「ばんばん」とライオンを銃で撃ったり、ライオンは拍に合わせて倒れたりする等の、曲の構成に対応した言葉と音と動きによる原初的な舞踊が生まれてきている。これらの一連の動きは「らいおんがり」というストーリーによって統一が与えられたと言える。

（6）異なるグループ間の青年同士（全員）がコミュニケーションを成立させた場面

　この場面は第6時（最終）の動きづくりで見られた。教師が「次はどんな風にしたいの？」と尋ねると、健一が「ひろのぶたちとおどりたい」、桃子は「のぶおくんとおどる」と応えた。動きづくりになると、健一は曲の盛り上がる部分で住人達を「がおー」と叫んで襲った。住人達は声をあげて逃げたが、伸男だけは拍に合わせて「こいらいおん」と手招きしていた。桃子はシンコペーションの印象的なフレーズで拍に合わせてコンガを叩き、「らいおん（私の方に来て）」と呼んだ。伸男は修介が襲われると助けに入った。桃子は弘信が輪の中に入らず1人で離れて座っていたので呼び入れた。ここでは擬音語と動きと音による総合的な表現が生まれている。尚、教師は互いの動きを意識づけるために、「ライオンが動いた」「住人が呼んでる」と明瞭な声で解説を入れた。これに対応して住人は身構え、ライオンは呼ばれた方向に目を向けて歩いていた。

　（6）の段階におけるコミュニケーションは次頁の表7-7のように成立したと考えられる。

　この段階では、異なるグループ間のコミュニケーションが起こっている。教師が言葉を用いて青年達の要求を尋ねると、グループ仲間と踊りたい、住人とライオンとでドラマを演じたい、グループ以外の仲間とも踊りたい、と動作で呈示している。その要求をそれぞれが受け入れ、仲間同士の関わりはグループを越えて拡大している。そして想像を巡らし合い、動作や楽器や擬音語を媒体としてドラマを演じた結果、言葉と動きと音による総合的な表現

表7-7　コミュニケーションの成立

誰から誰へ	意図	媒体	形態	相手に生じた変化
教師が青年に	要求を引き出す	言葉	尋ねる	仲間と踊りたいと言葉で応答
健一が仲間に	要求を実現	動作	呈示	対応する動作や声で応答
桃子が伸男に	要求を実現	動作	呈示	動作で受け入れる
伸男達と健一が互いに	ドラマを演じたい	動作，楽器，擬音語	提案	演じる 総合的な表現
伸男が修介に	一緒に踊ろう	動作	呈示	動作で受け入れる
桃子が弘信に	一緒に踊ろう	動作	呈示	動作で受け入れる
教師が青年達に	互いの動きを意識づける	言葉	解説	動作で応答

が生まれてきたと言える。

第3節　結論

　分析より，（1）から（6）までのコミュニケーションは次のように発展したと考えられる。

　（1）主に教師から青年達へという働き掛けになっている。ここでの教師の役割は仲間の存在を意識させること，青年達の記憶を想起し表現の基になるイメージを形成させること，媒体を使ってイメージを外に表し出させることにある。その結果，青年達は動物の動きを作り出している。また，仲間を意識することで他の仲間に対して動物を演じるようになっている。

　（2）青年同士が直接コミュニケーションを交わすのではなく，そこに教師が介在している。ここでの教師の役割は，青年達のメッセージを明瞭に示し直すところにあると考えられる。そこに青年達自身も，自分が伝えたいもの（イメージ）を，教師に目立つ動作で明瞭に示そうとするようになっている。つまり，自分が伝えたいものや伝える方法，及び，仲間の存在を意識するようになってきていると言える。

　（3）仲間と一緒に行動したいという欲求が目立つようになる。そして一

緒に行動する中で，自分の動きの意図を動きで伝えるようになっている。つまり，動作でコミュニケーションを行いたいということである。動きの意図には動物のイメージに加えて，音楽の生み出す動きに対する自分の解釈が反映されるようになってきている。その結果，2人で協同して新しい動きを作り出している。

（4）2人協同で動きを作っていたものが，複数が協同して動きを作るようになる。複数の異なる動きを組み合わせる中で，それぞれの動きのイメージが繋がってストーリーが出てくる。

障害の重い生徒との関わりにおいては，（3）段階に見られた，一緒に行動する中で自分の動きの意図を動きで伝えるコミュニケーションが起こっている。

（5）教師が，複数のグループが実は1つの場を構成していることに気づかせると，グループ内での協同が更に広がり，別のグループの青年との協同が出てくる。それには媒体として言葉が重要な役割を果たしている。言葉によって記憶の想起が起こり，個々のイメージが繋がって「らいおんがり」という新しいストーリーが登場した。ここでの動きは曲の盛り上がりや拍に合わせる等，曲の構成に対応したものになっていたので舞踊のようになった。

（6）グループを越えた活動に広がり，異なるグループ間の青年全体にコミュニケーションが起こる。ここでは個々人の発達に応じて，ここに至る段階のそれぞれの要素を持ったコミュニケーションが起きている。一緒に動きたいという欲求から動作によるコミュニケーションを行う青年，また，ストーリーに想像を巡らし新しい動作や楽器の音などを入れることを提案する青年がいる。コミュニケーションの媒体としては，言葉や動作だけではなく楽器音が入ることで総合的な表現になっている。

　以上述べてきたように，今回の実践では青年同士のコミュニケーションが成立するまでには，まず教師とのコミュニケーションが必要であることが分

かった。教師とのやり取りを通して，青年達は仲間の存在を意識し，表現の基になるイメージを持ち，そのイメージを身体を使って外に表した。そこで教師が介在して仲間への伝え方を示し，仲間に伝えたいという欲求を叶えた。そこから青年間のコミュニケーションが起こったと考えられる。

　青年達は模倣も含め一緒に動く中で（イメージを共有する中で），自分の動きの発想や音楽の動きや構成に対する感じ方としての解釈を生み出し，相手に伝えていったのである。尚，様々な解釈を繋げ，青年間のコミュニケーションを広げるためには，ストーリーの存在が大きな役割を果たしたと言える。

　以上より，知的障害のある青年達の動きづくりにおけるコミュニケーションの成立条件として，仲間の存在を意識すること，自分のイメージを持つこと，イメージを仲間に伝えるための方法，特に言葉より身体的な動きを媒体とした方法を知ること，仲間とイメージを共有すること，の4点が考えられる。そのためには青年間の媒体としての教師の役割，模倣という行為，ストーリーの存在が重要であることが分かった。

第4節　考察

　青年間のコミュニケーションでは模倣としてのコミュニケーションが中心であった。模倣は青年同士がイメージを共有する有効な方法として働いた。模倣を行う中で自分自身の動きが出せるようになると，それらを伝え合うコミュニケーション，更に，それらを繋ぐコミュニケーションへと発展させたのである。

　このようなコミュニケーションの発展に，言葉と音楽の相互作用が大きく働いたと考えられる。言葉は青年達の記憶を呼び起こし，イメージを持たせ，それが繋がってストーリーを生んだ。音楽については，青年達の作った動きは，曲の構成要素やその表現的特質の身体レベルでの解釈が反映された

ものであったし，また，イメージを動きで表現していく中で，動きに伴って音楽を作り出すことも行われた。例えば，「じゅうにん」のお話は，曲の区切りを感じて，そこで異なる動きを組み合わせていった結果，それぞれの動きのイメージが繋がって生まれてきた。「らいおんがり」の話しは，曲の盛り上がりでこれに対応する動き（ライオンが襲いかかる）や「がおー」という叫びが出てきたり，シンコペーションのリズムが印象的なフレーズでコンガを打つ行為（ライオンを呼び出す音）が出てきたりして，これら個々人のイメージが繋がったところに生まれてきたと考えられるのである。このような動きづくりの結果として，動きと言葉と音楽が統合された表現が出てきたのである。

<付記＞本論文は平成10年度文部省科学研究助成（B）によるものである。

ジャングルの絵を描く

和太鼓の周りを回る

「らいおんがり」の踊り

注

(1) 鍋倉健悦『人間行動としてのコミュニケーション』1987　思索社　p.9
(2) W・B・デイビス，K・E・グフェラー，M・H・タウト，栗林文雄　訳『音楽療法入門―理論と実践―（上)』1997　一麦出版　p.110

第8章　仲間と共に学ぶ「楽しさ」の質の変容
──「絵本『おじさんのかさ』に曲を作ろう」の事例分析──

はじめに

　前章の青年達の動きづくりにおいては，仲間と一緒に行動したい，自分が考えたことやイメージしたことを仲間に伝えたい，一緒に動きを作りたい等の欲求が起こっていた。そして，その欲求は結果的に，自分は何をしてみたいのかと自己を見つめ直したり，仲間と協同で新しい組み合わせを発見したりすることに繋がって，作品に結実されていった。

　このような自分の頭と身体を使って対象に働きかけ創造していく動きづくりの活動を可能にした要因として，1つには仲間と共に作っていく「楽しさ」があげられるであろう。「楽しい」という感情が活動を活発にしたと考えられるのである。

　そのことを受けて，本章では授業における「楽しさ」，特に仲間と共に学ぶ楽しさの質（次元と広がり）[1]に焦点をあてて検討する。

　分析対象として，1999年5月から7月まで計8回行った，「絵本『おじさんのかさ』[2]に曲を作ろう」という活動の記録を資料として用いる。この活動には音楽の授業を選択する1年生から3年生（16歳から18歳）までの男女10名が取り組んでいる。重度の障害がある青年が2名，中・経度障害の青年が8名である。

　活動では直江と伸二（いずれも仮名）をリーダーとする2つのグループが生まれてきた。本章では障害の程度が異なる仲間が集まってグループを組んだ直江チーム（中・軽度障害4名，重度障害2名）を取り上げ，その中から，

笑顔を浮かべて嬉しそうに活動することの多かった障害の重い梅男と，リーダーとして活躍した障害の軽い直江を抽出する。そして，共に学ぶ楽しさの質はどのように発展し，その結果どのような作品を生み出すのかという視点から分析・考察する。

　ところで，「楽しさ」とはどのような感情を言うのであろうか。ここでは「お喋りするのが嬉しい」とか，「カラオケ大会に参加して楽しかった」というような一時的な感情をさすのではなく，例えばピアノを弾く練習をしているがなかなか上達しない，しかし，練習を重ねるうちにふと気が付くとすらすら弾けるようになっていた，というような時に感じる感情，つまり，簡単なことではないがそこにある苦労や妨げを排除しながら，自分が伸び育っていると感じる時に起こる感情を言うことにする。それは無駄な気負いや体裁や理屈を抜きにして，自分のあるべき本来の姿に巡り合った時に感じる感情，今まさに私は生きていると実感できるときに生じる感情であると言える。

第1節　曲づくりの概要

　この活動は1999年の5月10日（第1時）から，5月17日（第2時），5月24日（第3時），6月2日（第4時），6月7日（第5時），6月21日（第6時），6月28日（第7時），7月12日（第8時）まで計8回行った。60分授業である。前半30分は絵本の読み聞かせや，絵本の中に出てくる「あめがふったらポンポロロン…（略）…」，「あめがふったらピッチャンチャン」という擬音語の部分に，自由に節づけした擬音語を挿入する活動や，言葉や動きや楽器を媒体として即興で「おじさんのかさ」を演じる活動（誰かがおじさん役になって動き，他の青年達は声や楽器で雨の音等を作る）を行った。また，実際の雨の音も聞いてみた。後半30分は曲づくりである。4名から6名程度でグループを組み，そこで1つの作品を作った。活動では毎回発表して，発表後は何を表

したのか1人ずつ言語や動作で説明し，最後に互いの作品を鑑賞し合った。

　活動の展開を表8-1として記す。

表8-1　活動の展開

活動時間	活動内容
第1時	絵本の読み聞かせ。グループづくり
第2時から第6時まで	前半　全員で活動 　ア．絵本の読み聞かせ。 　イ．絵本のフレーズを口ずさむ。 　ウ．実際の雨の音を聞く等。 後半　曲づくり 　ア．グループに分かれて曲づくり。 　イ．発表する。 　　・グループで演奏を行う。 　　・表したことを1人ずつ言葉や動きで説明する。 　ウ．友達の感想を聞く。
第7時と第8時前半	動き（おじさん役）と音（雨の音を鳴らす）グループに分かれて，全員で即興表現（演じる）
第8時後半	曲づくり

　活動は音楽室で行った。

　授業は筆者が中心になり，他に2名の教員が主に障害の重い青年達の指導に付いた。筆者は「こんな風に鳴らそう」等という表現に関する指示は一切行わず，青年達が出してくる表現はすべて肯定的に受け入れた。活動が停滞している場合に限って「どんな雨にするの？」等と声を掛けて，彼らの表現を引き出すことに努めた。発表後には「どんな音楽を作ったの？」と質問して，自分の行為を意識化させた。

　準備物として，楽器（打楽器を中心に）や雨傘や『おじさんのかさ』の絵本を用意し，青年達が自由に使用できる場所に置いた。

絵本『おじさんのかさ』（佐野洋子作・絵）

あめが　ふったら　ポンポロロン
あめが　ふったら　ピッチャンチャン
うえからも　したからも　たのしいおとがしました。

第2節　事例分析

　以下に，直江と梅男の仲間と共に学ぶ「楽しさ」の質の変容過程について
見ていく。

（1）直江の事例

　直江は高等部1年生（16歳）で社会生活年齢は小学校中学年程度。知的障
害の他に目立った障害はない。音楽を愛好し想像力も豊かで曲づくりにも積
極的に取り組んでいる。

　直江の曲づくりの全体像を「共に学ぶ楽しさ」という観点から見てみる

と，①仲間と場を共有。楽器をあれこれ鳴らす楽しさ，②自分本位の曲づくり。自己実現の楽しさ，③仲間各自が自立。問題解決とイメージを共有して作る楽しさ，④仲間と演じる楽しさ，⑤仲間と協同で作品を作る楽しさ，という段階であると考えられる。

　この段階に沿って直江の曲づくりの特徴的な点を記述し，その結果を基に，楽しさの質がどう変容していったのかを検討する。

①仲間と場を共有。楽器をあれこれ鳴らす楽しさ

　この場面では，教師に絵本を読んでもらったあと，直江は仲良しの美絵，恒夫，好枝，梅男，正夫達とグループを組み曲づくりを始めた。直江は木琴を音源として選び，音板の中央あたりを交互に打ったり，グリッサンドを行ったりしている。にこにこ笑って楽しそうである。美絵は木琴，恒夫はコンガを音源として選び，互いに相談することもなくばらばらで勝手に鳴らしている。

　この場の楽しさは，友達と一緒に活動している安心感に支えられながら，楽器をあれこれ鳴らして音を出す面白さによって実現されたと考えられる。

②自分本位の曲づくり。自己実現の楽しさ

　この場面では，直江は自分1人で曲づくりのためのお話しを作っている。「かみなりさんがなって　あめふらしてあめやむ」「わたしとみえちゃんはあめふらす　つねおくんはかみなりさん」と言って，友達の考えを聞いたり意思を確かめたりすることもなく1人で決めている。一方，他の仲間はと言えば直江に指示されるままに楽器を鳴らしている。

　実際には，直江が「かみなりさんがさき」と言うと，恒夫がコンガ（雷）を鳴らし始めた。続いて，直江と美絵も木琴等で雨の音を鳴らし始めた。しばらく鳴らすと，直江は「かみなりさんきいてる（終わり）」と指示するので恒夫は鳴らし止めた。その後に，直江と美絵等が鳴らす雨の音が聞こえている。そこで突然，直江が「おわりました」と言って鳴らし終えると，美絵達

も鳴らすことを止めた。直江の表情は常に笑みを浮かべて満足そうであった。

　この場面における直江の楽しさは，こんなことをやってみたいという自分の内的な世界を無意識的ではあろうが認識し，そこで自分や仲間が鳴らす音を媒体に表現を形づくってみた満足感によって実現されたと言える。言うなれば，自分本位のやり方ではあるが自己実現の喜びを味わっていたと考えられる。

③仲間各自が自立。問題解決とイメージを共有して作る楽しさ

　この段階から曲づくりは絵本の中から1枚か2枚の場面を選択し，その絵に曲を作る方法に変更された。その理由は，青年同士でコミュニケーションを成立させることが難しかったので，教師は仲間で共有できる具体物を持たせようと考えたからである。

　教師の提案で，青年達はどの絵を選ぼうかとみんなで絵本を見ていたが，直江1人は退屈な様子で仲間の輪に入らない。一方，美絵や恒夫は2枚の絵を選択して，絵を見ながら「あめふってる」「あめやんでる」「かささしてる」「あまやどり」等と呟いている。そして，曲づくりが始まると彼らは直江の指示を受けずに気の向くままに音を鳴らしている。直江は仲間が自分から自立して好きなことをやっているので行き詰まり，困惑した顔付きでマレットの端を摘んで仕方なく木琴を鳴らしていた。

　しかし，この問題は仲間と共有できる部分を見付けたことで解決された。絵という具体物を介在させたことによって，互いのイメージが関連づけられ，そこで，直江は自分の作ったお話と似ている部分を発見することができたのである。

　実際には，直江は絵を見て「ちいさなあめ」「おおきなあめ」「かさひろげてるっと」「あめやんでる」と言って，小さい雨は弱い音で，大きい雨は強い音で，かさを広げる音はグリッサンドで鳴らした。前回とは打って変わった明るい表情で曲づくりに励んでいたのである。

　この場面における楽しさは問題解決を図り，仲間と共有物を軸にして一緒に作る楽しさによって実現されたと考えられる。

④仲間と演じる楽しさ

　この段階では，言葉と動きと音によって即興で演じる活動が導入された。これまでの経過を見ると，音だけを媒体として曲づくりを行っていても活動を発展させることが難しいと思われたからである。そこで「動き」で演じる役と「音」を鳴らす役に分かれて，「おじさんのかさ」を演じた。「動き」の担当者はおじさん役になって傘を持って雨の中を歩き，「音」グループの担当者は楽器で雨や雷の音を鳴らしたのである。

　この各自が役を持って演じる活動ではドラマ性のある筋書きが生まれてきて，青年達は音と音，音と動きを関わらせながら表現を発展させていったのである。にこにこ笑って活発に活動し，演じている表情は喜びに満ち溢れているように見受けられた。

　実際には，直江は「音」グループを担当し，ドラムを激しく打って「かみなりさん」を鳴らした。康夫や幸太もその音に合わせて木琴や鉦を激しく鳴らした。音の雨が降る中を，おじさん役の美絵は傘を窄めて小走りで走った。それを見ていた直江達はおじさんを更に怖がらせようとして，一層激しく雷を鳴らした。これに応えるようにおじさん役の美絵はぶるぶる震えて座り込んだり，傘の雫を払ったりした。そのとき突然，康夫がおもちゃの葉っぱを口にあて，「みずしぶきはらうおと」をぴーぴー鳴らした…（略）…。即興表現はその後も，雷が止んで雨だけが降っている場面を演出する等して，延々と続けられた。青年達は想像をあれこれ巡らせて表情豊かに動いたり，イメージ性のある音を生み出したりしたのである。

　この場面では，直江をはじめとして青年達は仲間と音や動きでコミュニケーションを交わす楽しさや，音や動きを関連させて活動を発展させる面白さや，雨や雷という自然現象と人間との関わりを想像して演じる楽しさを満喫していたと考えられる。

⑤仲間と協同で作品を作る楽しさ

　この段階では，青年達は自分達で作ったお話に沿う作品を協同で生み出した。直江をリーダーとして，互いに仲間の鳴らす音に耳を傾け，そこに自分のイメージも盛り込みながら曲づくりを展開させていったのである。青年達の表情は真剣そのものであった。そこに音でお話しを演じる視点と，大きい小さいというダイナミックスの視点を持つ，新たな作品が生み出されてきた。演奏終了後，青年達は嬉しそうに笑って自分達が表したことを言葉で説明した。

　実際の曲づくりは，恒夫のコンガ（雷）の音から始まり，そこに直江や美絵が鳴らす木琴による雨の音が加わり，更に，「かみなりさんちいさく　あめちいさく」という直江の指示に従って，それらの音がだんだん弱くなり，最後は「かみなりさんおわり　あめおわったらぽっつんのおと」で，木琴だけが静かに「ぽっつんぽっつん」と鳴り続ける作品として現れてきた。そこには康夫が「なおえちゃんのおとうっとりするわ」と言う，静かな雨だれのような音が新たに生まれてきていたのである。

　この場面の楽しさは，「ぽっつんぽっつん」という擬音語のリズムや強弱に一致させて木琴を操作して，ダイナミックスという音楽の諸要素を発見したり，仲間と協同で曲を新たに作り替えて複雑にしていったりする面白さによって実現されたと考えられる。

（2）梅男の事例

　次に障害の重い梅男の活動を見ていく。

　梅男は高等部1年生（16歳）である。社会生活年齢は3歳程度で有意味言語を持たないが，仲間が働き掛けると一緒に音楽活動を行うことができる。

　梅男の曲づくりの全体像を，「共に学ぶ楽しさ」という観点から見てみると，①指導者と1対1の関わり。声や楽器で音を出す楽しさ，②仲間と場を共有。一緒に音を響き合わせる楽しさ，③仲間と演じる。模倣や遊びを共有

する楽しさ，という 3 段階に分けることができると考えられる。

　この段階に沿って梅男の曲づくりの特徴的な点を記述し，その結果を基に楽しさの質がどう変容していったのかを説明する。

①指導者と 1 対 1 の関わり。声や楽器で音を出す楽しさ

　この段階では，指導者が梅男に 1 対 1 で関わっていくと笑顔で活動できたが，仲間同士で関わることは難しかったということがある。

　実践では，指導者が「雨がふったら」と歌いながら梅男にマイクを向けると，彼は「ほっほっほっほっほっ」と息を吐き出しながら言葉を続けた。また，曲づくりでは仲間と一緒に場を共有して座っていたが，何もしなかったので指導者が「笛を吹いて」と言ってスライドホイッスルを渡すとぴーぴー吹いた。ここでは常時，機嫌良く穏やかな表情を浮かべていた。

　この場面における梅男の楽しさは，指導者と 1 対 1 でコミュニケーションを交わし，そこで声を発したり楽器で音を出したりする面白さによって実現されたと考えられる。

②仲間と場を共有。一緒に音を響き合わせる楽しさ

　この段階になると仲間と一緒に場を共有して活動をし始めた。

　実践では，梅男は自発的に仲間が鳴らす楽器の音に合わせて身体を前後に大きく揺らせたり，仲間の鳴らす音に混ぜてスライドホイッスルをぴーぴー吹いたりした。仲間が鳴らし終わると梅男も止めた。仲間が立って演奏すると彼も同じように行動して満足そうな表情を浮かべていた。

　この場面では，楽器で音を出して仲間と一緒に響き合わせる楽しさを味わっていたと考えられる。

③仲間と演じる。模倣や遊びを共有する楽しさ

　この段階では言葉と動きと音に分かれて演じ，そこで梅男は仲間 2 人と「おじさん」役を担当して動いた。

　仲間が鳴らす雷や雨の音の中を，梅男は直江に手を引かれ傘をさして一緒に歩いた。直江が座ると梅男も真似て座った。梅男は直江の顔をじっと見つ

めながら嬉しそうな表情を浮かべて演じていたのである。

　この場面では，無意識的ではあろうが，仲間の模倣をする楽しさ，仲間として認められる楽しさ，仲間と音と動きで遊びを共有する楽しさを味わっていたと考えられる。

第3節　考察

　仲間と共に学ぶ楽しさの質は，直江の場合は，①仲間と場を共有して，楽器を鳴らす楽しさ，②自分本位で曲を作り，自己実現の楽しさ，③仲間間で生じてきた問題を解決し，そこでイメージを共有して作る楽しさ，④仲間と演じる楽しさ，⑤仲間と協同で作品を作る楽しさ，という過程で変容していった。

　梛男の場合は，①指導者と1対1で関わって，声を発したり楽器で音を出したりする楽しさ，②仲間と場を共有し，一緒に音を響き合わせる楽しさ，③仲間と演じる楽しさ（模倣。遊びを共有），という過程で変容していった。

　以上より，障害の軽度な青年の場合，楽しさの質は音を媒体に自己実現を行ったり，音の世界を認識し技能的に達成できたりした時，例えば，擬音語と身体の動きを一致させてリズムやダイナミックス（強く。弱く）を見付けた時，楽しさの質は深まり広がっていったと言える。また，音楽や動きを作る楽しさを他者と共有できた時にも，同様の情動の変化が見られた。

　つまり，音楽の授業が「楽しい」と言うことが，音楽が分かったとか，音楽の何々ができた（技能）ということと関係していて，一方，仲間との関わりは音楽の認識や技能の習得やそれらの発展に影響を与えていることが明らかになった。

　そして，障害の重い青年の場合は，楽しさの質は音を鳴らしたり声を出したり，他者と関わって音楽表現を行ったりする等，人と音楽との関わりにあ

る根源的な次限で深まり広がっていった言える。

　このことから他者との関わりの中で「楽しさ」を求めていくことが，音楽学習の効果を上げることに繋がると考えるのである。

注

（1）　この研究は，日本学校音楽教育実践学会が企画した課題研究「音楽の授業における楽しさとは―共に学ぶ楽しさの次元と広がり―」（2001）として行われたものである。

（2）　佐野洋子『おじさんのかさ』2000　講談社

「おじさんのかさ」の曲づくり

友達とおじさんを演じる

音と動きで演じる

参 考 文 献

映像資料
《*Music for Children*》
　Scripted by Carl Orff, Produced by Neue Kulturfilmgesellschaft Germany, English version for Canada produced by the National Film Board.（年代不明）
《*Das ORFF-INSTITUT*》
　Manuskript Hermann Regner, Produktion Wilfried Feldhüter, Eine Produktion Bayerischen Rundfunks Studienprogramm（年代不明）

書籍・論文など
井口尚之・蛯谷米司・高杉自子・平井信義
　1976『遊びの心情』明治図書
W.B. デイヴィス・K.E. グフェラー・M.H. タウト（訳）栗林文夫
　1997『音楽療法入門─理論と実践─』一麦出版　p.10
ウルリケ・ユングマイヤー（Ulrike E.Jungmair）
　1992《*Das Elementare:Zur Musik-und Bewegungserziehung im Sinne Carl Orffs*》 SCHOTT, S.128
カール・オルフ（Carl Orff）
　1964（*Das Schulwerk-Rueckblick und Ausblick*）Orff- Institut 1963 Jahrbuch. B. Schott's Söhne-Mainz S.16
カール・オルフ，グニルド・ケートマン（Carl Orff-Gunild Keetman）
　1950《*ORFF-SCHULWERK-Musik für Kinder-VOL.1,VOL.4*》SCHOTT
川端誠
　1992『鳥の島』リブロポート
小島律子
　1997『構成活動を中心とした音楽授業の分析による児童の音楽的発達の考察』風間書房
　1998「第6章 子どもの表現はいかに芽生え，発展するのか」『音楽による表現の教育─継承から創造へ─』小島律子・澤田篤子編　晃洋書房　p.11
佐野洋子
　1997『おじさんのかさ』講談社

172 参考文献

中井正一
1975『美学入門』朝日新聞社
鍋倉健悦
1987『人間行動としてのコミュニケーション』思索社　p.9
西園芳信
2003「音楽による意味とかたちの生成とその教育的意義」『学校音楽教育研究
Vol.7』日本学校音楽教育実践学会　pp.105-106
2003『音楽の授業における楽しさの仕組み』日本学校音楽教育実践学会編　音楽之
友社
中野善達・守屋國光
2006『老人・障害者の心理改訂版』福村出版　pp.103-105
日々裕
2000「音楽の授業における楽しさとは─子ども同士の関わり合う姿から─」『学校
音楽教育研究 Vol.4』日本学校音楽教育実践学会　pp.8-9
藤井康行
1996「オルフの音楽教育観と Elementare Musik─文献と映像を手がかりに─」東
京芸術大学大学院研究生論文
宮崎幸次
1995『オルフの音楽教育─楽しみはアンサンブルから─』レッスンの友社
宮沢賢治・たかしたかこ
1990『雪渡り』偕成社　p.29
元永定正
1988『ころころころ』福音館書店
拙著
2011『知的障害のある青年達の音楽行為──曲づくり・歌づくりの事例分析による
──』風間書房

初 出 一 覧

【序章】の第1節は，

　「第1章第2節　知的障害とは何か」『知的障害のある青年達の音楽行為―曲づくり・歌づくりの事例分析による―』2011年　風間書房　pp.23-24

第2節は，

　「序章（1）曲づくり・歌づくりとは」『知的障害のある青年達の音楽行為―曲づくり・歌づくりの事例分析による―』2011年　風間書房　pp.4-6

【第1章】は，

　「カール・オルフの《Music for Children》における映像の分析―音楽経験の発展性に焦点をあてて―」『教育方法学研究』第28巻　2002年　日本教育方法学会　pp.131-139

【第2章】は，

　「現在のオルフ研究所における（エレメンタールな音楽）の実際―教員へのインタビューと授業実践を通して―」日本音楽教育学会（口答発表）第45回大会（プログラム）2014年　p.99

【第3章】は，

　「オルフの音楽教育における身体活動の発展性（第2報）―オルフ研究所におけるセミナーの分析を通して―」大阪教育大学紀要第V部門教科教育第47巻　1998年　pp.165-173

　　第3章の余録は，

　「知的障害児のことば・動き・音の表現―オルフ研究所における研修を通して―」『ろう教育科学』38（4）1997年　pp.31-33

【第4章】は，

　「知的障害児における身体活動を通した曲把握についての研究―曲に動きをつけようという授業の分析を通して―」『大阪教育大学紀要』第V部門教科教育第48巻第1号　1999年　pp.77-85

【第5章】は，

　「知的障害児の表現活動に見られる音楽の生成の様相―『雪渡り』の詩に音楽を作ろうという授業の分析を通して―」『学校音楽教育研究』第8巻　日本学校音楽教育実践学会　2004年　pp.155-163

　「第5章　音楽行為におけるイメージの働き―童話『雪渡り』の詩を素材として―」

『知的障害のある青年達の音楽行為―曲づくり・歌づくりの事例分析による―』2011年　風間書房　pp.112-118

【第6章】は，

　「ことばと動きと音の表現媒体の関連に見られる発達の様相―知的障害児の表現活動の分析を通して―」『学校音楽教育研究』第10巻　日本学校音楽教育実践学会 2006年　pp.178-185

【第7章】は，

　「知的障害児の表現活動におけるコミュニケーションの成立―音楽に動きを作ろうという実践の分析を通して―」『学校音楽教育研究』第5巻　日本学校音楽教育実践学会　2001年　pp.136-143

【第8章】は，

　「課題研究　音楽の授業における楽しさとは―共に学ぶ楽しさの次元と広がり―」『学校音楽教育研究』第5巻　日本学校音楽教育実践学会　2001年　pp.6-7

を基に新たな視点を付け加えて書き改めたものである。

謝　辞

　本書は，私が以前，勤務していました養護学校で行った表現の授業の分析・考察と，オーストリアのザルツブルクにありますモーツァルテウム（音楽）大学（Universität Mozarteum Salzburg Orff Institut）に留学して，「音楽と動き」の勉強を行っておりました時の研究を基に書き上げた論文集です。

　本研究の授業実施にあたりご協力頂きました養護学校（現在は特別支援学校）高等部の青年達と先生方，私を授業分析にお導き下さいました元大阪教育大学の小島律子先生，日本音楽の観点から専門的見解をご提供下さいました洗足学園音楽大学の澤田篤子先生に感謝の意を表します。

　また，カール・オルフ（Carl Orff）の研究におきましては，実践を中心とした教育学的な本研究を，熱心なご指導によって音楽学の視点を併せ持つ研究に導くとともに，オルフ研究所への留学を強く勧めて下さいました，元大阪大学の根岸一美先生に感謝を申し上げます。

　そして，私をモーツァルテウム大学の招聘研究生として推薦して下さいました元モーツァルテウム大学のウルリケ・ユングマイヤー（Ulrike E.Jungmair）先生，オルフ教育の魅力を余すところなく伝え，また，オルフ研究所における「身体楽器アンサンブル」の授業分析を快くご承諾下さいましたモーツァルテウム大学・オルフ研究所の誉田真理先生，大学での授業参加や参観を認めインタビュー等に快く応じて下さいました，シャーリー・サーモン（Shirley Salmon）先生，ミヒャエル・ビッドマー（Michel Widmer）先生，アリ・グラーゲ（Ari Glage）先生，授業のビデオ撮りに協力下さいました学生の皆様に心よりお礼を申し上げます。

　また，カール・オルフの英語の翻訳を御指導下さいました元群馬県立女子大学の日下洋右先生，ドイツ語のインタビューの翻訳をお手伝い下さいまし

た，元モーツァルテウム大学学生の吉永雅美様にお礼を申し上げます。そして，常に暖かい目で私の研究を見守り，研究環境を整え御支援下さいました東京福祉大学・大学院研究科長の鈴木路子先生，本書の出版を実現していただきました，風間書房社長風間敬子氏および編集部の斉藤宗親氏に深く感謝致します。

　最後に，一貫して私を支え続けてくれる夫と娘夫婦に心から感謝を表します。

　2016年 6 月25日

下出美智子

著者略歴

下出　美智子（しもで　みちこ）

1994年　大阪教育大学大学院教育学研究科（音楽教育専攻）修士課程修了
2007年　ザルツブルク・モーツァルテウム（音楽）大学オルフ研究所
　　　　（Universität Mozarteum Salzburg Orff Institut）招聘研究生
2010年　大阪大学大学院文学研究科（文化表現論専攻）博士後期課程修了
　　　　大阪大学より文学博士
大阪教育大学，奈良教育大学非常勤講師などを経て，
現在，東京福祉大学・大学院教授

専門は音楽教育学，音楽学，特に音楽表現論

主な著書：「子どもの変容をどうとらえるか」『障害児の音楽表現を育てる』共著　音楽之友社（2002）。
『知的障害のある青年達の音楽行為—曲づくり・歌づくりの事例分析による—』風間書房（2011）など。

言葉・動き・音楽による表現の実践的研究
──オルフと知的障害者（青年）の音楽活動の分析による──

2016 年 7 月 31 日　初版第 1 刷発行

著　者　　下 出 美 智 子

発行者　　風 間 敬 子

発行所　株式会社 風 間 書 房

〒 101- 0051　東京都千代田区神田神保町 1-34
電話 03（3291）5729　FAX 03（3291）5757
振替 00110-5-1853

印刷　藤原印刷　製本　井上製本所